Roland Seiter

Erlebnis SCHWARZWALD Hochstraße

... zu Großvaters Zeiten

verlag regionalkultur

Bildnachweis: Aus der reichhaltigen Nordschwarzwald-Ansichtskartensammlung meines Freundes Hubert Huber aus Oppenau stammen diese seltenen Motive: 48, 53, 69, 70, 74, 160, 199, 200, 201, 228, 263, 276, 277, 288, 339, 344, 348, 356, 357, 361, 363, 364, 367, 377 und 378. Danke vielmals, Hubert!
Mein Dank geht auch an folgende Verlage:
Stuttgarter Luftbild Elsäßer: 376
Frankh-Verlag Stuttgart (Kosmos): 158, 167, 174, 176, 223, 343,
LAZI Freudenstadt (www.adolf-lazi-archiv.de): 254, 300, 325,
Foto Roth Bühlertal: 17, 34, 39, 54, 56, 58, 76, 83, 87, 96, 101, 104, 105, 107, 109, 122, 130, 132, 135, 139, 140, 142, 146, 171, 172, 194, 202, 203, 204, 205,
Schöning Lübeck: 44, 62, 80, 117, 117.1, 121, 126, 128, 134, 135.1, 156, 163, 175, 176.1, 212, 224, 256, 275, 321, 330, 373, 374,
Copyright Strähle Luftbild, Schorndorf: 31, 61, 90.1
Alle Abbildungen – außer die von Hubert Huber – sind im Besitz des Autors.
Die Abbildungen sind nicht linear durchnummeriert.

Bibliographische Information der Deutschen Bibliothek
Die Deutsche Bibliothek verzeichnet diese Publikation in der Deutschen Nationalbibliographie; detaillierte bibliographische Daten sind im Internet über http://dnb.de abrufbar.

Autor	Roland Seiter
Titel	Erlebnis Schwarzwaldhochstraße … zu Großvaters Zeiten
Herstellung	**verlag regionalkultur (vr)**
Satz	Jochen Baumgärtner, Andrea Sitzler (vr)
Endkorrektur	Andrea Sitzler, Regina Tinkl (vr)
Umschlaggestaltung	Jochen Baumgärtner (vr)

ISBN 978-3-95505-087-0

Diese Publikation ist auf alterungsbeständigem und säurefreiem Papier (TCF nach ISO 9706) gedruckt entsprechend den Frankfurter Forderungen.

verlag regionalkultur
Heidelberg – Ubstadt-Weiher – Speyer – Basel

Korrespondenzadresse:
Bahnhofstraße 2 • 76698 Ubstadt-Weiher • *Telefon* (07251) 36703-0 • *Fax* 36703-29
E-Mail kontakt@verlag-regionalkultur.de • *Internet* www.verlag-regionalkultur.de

Die Schwarzwaldhochstraße

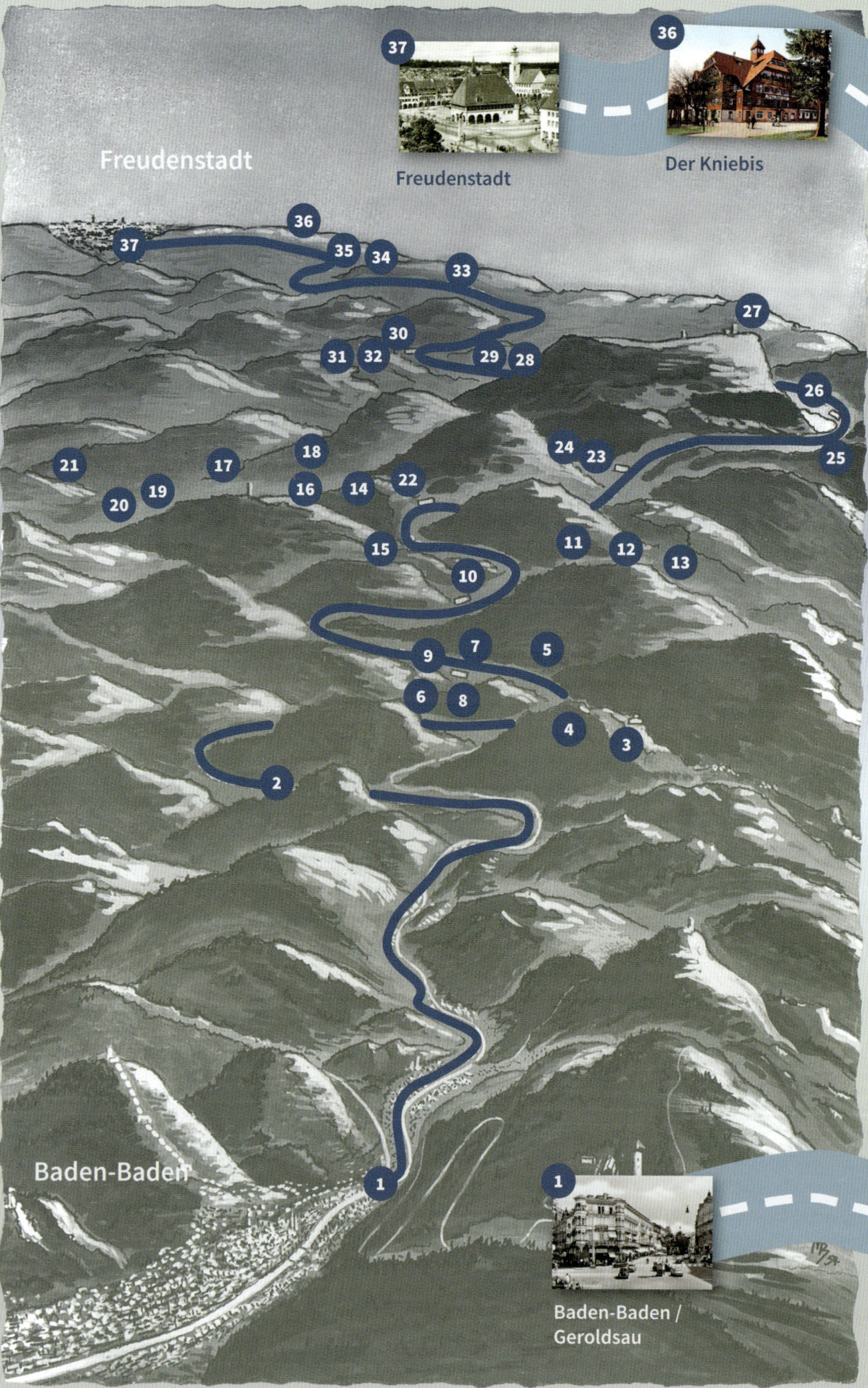

Freudenstadt

Der Kniebis

Die Alexanderschanze

Der Ochsenstall

Kurhaus Gertelbach und Gertelbach-Wasserfälle

Baden-Baden / Geroldsau

Der Schwanenwasen

34 Das Kurhaus und Höhenhotel Zuflucht

33 Das Schliffkopfhaus

32 Der Wildsee

31 Die Darmstädter Hütte

30 Das Kurhaus Ruhestein

25 Die Kurklinik und Sanatorium Breitenbrunnen

26 Das Berghotel am Mummelsee

27 Die Hornisgrinde

28 Das Seibelseckle

29 Der Wolfsbrunnen

23 Das Höhenhotel Unterstmatt

22 Das Kurhaus Hundseck

21 Die Schwarzenbach-Talsperre

20 Der Herrenwieser See

19 Herrenwies

14 Der Mehliskopfturm

15 Die Bergwaldhütte am Sand

16 Das Naturfreundehaus Badener Höhe

17 Die Badener Höhe

18 Der Sandsee

12 Das Kurhaus Wiedenfelsen

11 Das Luftkurhotel Bärenstein / Friedrich-Hilda-Heim

10 Das Kurhaus Sand

9 Die Antonius-Kapelle

8 Kurhaus Plättig

3 Das Kurhaus Bühlerhöhe, später Schlosshotel Bühlerhöhe

4 Das Sanatorium Bühlerhöhe – Max Grundig Klinik

5 Die Herthahütte

6 Forsthaus Unterplättig

7 Die Kapelle Maria Frieden

Das Erbe unserer Großväter erhalten

Jeder kennt sie, die Schwarzwaldhochstraße. Mit der Planung Deutschlands schönster und bekanntester Touristikstraße begannen weitblickende Männer bereits Ende der 1920er-Jahre. Die damalige Reichstraße 500, anfangs noch eine Walzschotterstrecke, führt 1934 bereits von Baden-Baden zum Ruhestein. Von dort fahren die Autotouristen weiter nach Baiersbronn. Erst 1938 startet der Weiterbau in Richtung Alexanderschanze, der 1942 kriegsbedingt eingestellt wird. Die Schwarzwaldhochstraße, der Inbegriff des Nordschwarzwaldes, wird erst nach Kriegsende vollendet. Heute zählt die Schwarzwaldhochstraße zu den bekanntesten Touristikstraßen Europas. Auf der gut ausgebauten B 500 verläuft die Schwarzwaldhochstraße von Baden-Baden zur Alexanderschanze. Auf der B 28 führt sie über den Kniebis weiter bis zum Endpunkt Freudenstadt. Annähernd 60 Kilometer führt die Hochstraße durch ihre berühmten Tannenwälder, garniert mit prachtvollen Ausblicken auf die Rheinebene und in die Vogesen, hinüber auf die Schwäbische Alb und den Südschwarzwald. Besonders reizvoll und faszinierend ist bei klarem Wetter die Sicht auf die Berge der Schweizer und Österreicher Alpen.

Noch bis in das 19. Jahrhundert gab es auf der Höh‘ nur Holzabfuhrwege und wenige Querverbindungen, die Händler seit alters her nutzten. So etwa von Bühlertal über den Sand nach Forbach oder von Oppenau über die Zuflucht nach Freudenstadt.

Schon damals beherbergt Baden-Baden viele Kurgäste. Nicht wenige verlieben sich in die Schwarzwaldhöhen mit ihrer geradezu magischen Ausstrahlung. Aus einfachen Höhenherbergen werden bald Gasthäuser mit ersten Gästezimmern. Schnell entstehen daraus gegen Ende des 19. Jahrhunderts die heute noch immer beeindruckenden Höhenhotels, die die Landschaft prägen. Die ideenreichen Inhaber der Kurhäuser fordern für ihre Gäste bessere Verkehrsanbindungen, anfangs für die Kutschen, später für die Kraftpostbusse. Das gelingt: Landräte und Oberbürgermeister lassen sich für die Idee gewinnen, ebenso die Reichspost.

So entsteht nach und nach die Schwarzwaldhochstraße. Zuerst von Baden-Baden bis zu den Kurhäusern Sand und Hundseck. Dann, 1930, weiter zur Unterstmatt. 1932/33 wird der Abschnitt zum sagenumwobenen Mummelsee fertig, ein Jahr später die Strecke entlang Seibelseckle zum Kurhaus Ruhestein.

Bereits in den 1930er-Jahren besuchen zahlreiche Gäste die Schwarzwaldhochstraße, nicht wenige kommen mit den Kraftpostbussen. In den 1950er-Jahren beginnt das Wirtschaftswunder. Mit Motorrad, Auto oder dem gelben Kraftpostbus reisen ganze Besucherscharen zu den Sehenswürdigkeiten. Einmal um den Mummelsee oder hinauf auf die Hornisgrinde wandern. Oder vom Sand über den Sandsee nach Herrenwies und über den Herrenwieser See zur Schwarzenbachtalsperre. Sehr reizvoll sind zudem die Grindenhöhen im Bereich des Schliffkopfs.

Aber es gibt auch Orte rechts und links der Hochstraße, die längst nicht jeder kennt. So die Herthahütte auf den Falkenfelsen unterhalb des Plättig und die erlebenswerten Gertelbach-Wasserfälle oberhalb von Bühlertal. Der versteckt gelegene Sandsee unweit des Kurhauses Sand, der Herrenwieser See, der Wildsee oder die Darmstädter Hütte. Eine Wanderung vom Seibelseckle hinunter nach Hinterlangenbach und, und, und. Möglichkeiten gibt es wahrlich viele. Das Buch will Ihnen, liebe Leser, dazu einige Anregungen mitgeben.

Aber – dieses Buch setzt sich auch dafür ein, die noch verbliebenen Baudenkmale entlang der Schwarzwaldhochstraße wieder stärker in den Blickwinkel der Öffentlichkeit zu rücken. Denn ohne diese markanten und prägenden Gebäude, wie beispielsweise das Kurhaus Sand, verlieren Schwarzwaldhochstraße und Landschaft ihren Nimbus, ihre Strahlkraft und ihre Einmaligkeit.

Es ist so: Die Schwarzwaldhochstraße ist einmalig, und das weltweit! Die Höhenhotels, Berge, Bachläufe, Straßenzüge und die ausladenden Tannenwälder prägen die Höhen. Es gibt nichts Vergleichbares. Die Höhenhotels und Ihre Besucher waren letztlich gemeinsam mit den einmaligen Naturschätzen der Auslöser, den Bau der Höhenstraße in Angriff zu nehmen. Nur – was ist die Schwarzwaldhochstraße künftig ohne die prächtigen Höhenhotels?

Die Kurhäuser Ruhestein und Herrenwies sind längst Geschichte. Dasselbe Schicksal steht der Hundseck bevor. Die Zukunft von Plättig, Bühlerhöhe und Wiedenfelsen steht in den Sternen. Unterstmatt soll abgerissen und durch ein ultramodernes Gebäude ersetzt werden. Immerhin, da tut sich etwas. Besser sieht es aus mit der Alexanderschanze und dem Breitenbrunnen. Die gute Nachricht: Mummelsee, Schliffkopf und Zuflucht sind erfolgreich in Betrieb.

Was aber wird beispielsweise aus dem Kurhaus Plättig und dem Kurhaus Sand? Leerstand seit vielen Jahren. Wie soll es weitergehen? Ziel muss sein, diese Kurhäuser für künftige Generationen zu bewahren! Dafür müssen wir uns in der Region stark machen und einsetzen!

Ideen für den Sand gibt es: So das Einrichten eines Skimuseums und eines Schwarzwaldhochstraßen-Museums. Einfache Gastronomie für die Ausflügler, Wanderer und Skisportler, aber auch einige Gästezimmer für Motorradfahrer und Westwegwanderer. Das Kurhaus Sand ist innen gut erhalten, größtenteils im historischen Bestand. Eine einmalige Chance!

Es ist mein Wunsch, dass dieses Buch dazu beiträgt, das Bewusstsein und die Sensibilität für die Schönheiten und Besonderheiten unserer prachtvollen Schwarzwald-Höhenlandschaft zu schärfen und das Erbe unserer Großväter für künftige Generationen zu bewahren.

Nicht ohne Grund engagiere ich mich im Verein „Kulturerbe Schwarzwaldhochstraße", der sich diese Ziele auf die Fahnen heftet und bereits erste namhafte Erfolge erzielte. Mehr Infos unter www.kulturerbe-schwarzwaldhochstrasse.de.

Und nun, liebe Leser, viel Freude beim Lesen und Blättern.

Baden-Baden im Herbst 2018
Roland Seiter

Kurze Geschichte der Schwarzwaldhochstraße

Die Schwarzwaldhochstraße entstand aus dem Wunsch der Hoteliers der Höhenhotels nach einer direkten Verbindungsstraße. Einmal um die Hotels und Sehenswürdigkeiten untereinander besser anzubinden –, aber auch und vor allem um den Gästen das Höhengebiet noch attraktiver zu machen. Auch den umliegenden Städten ist daran gelegen, vor allem Baden-Baden mit seinen zahlreichen Kurgästen, aber auch Bühl und den Gemeinden im Murgtal. Interesse zeigt auch die Reichspost, um ihren Fahrgästen den Hochschwarzwald mit ihren Kraftpostbussen erlebbar zu machen. Vor der Nutzung durch die Ausflugs- und Kraftpostbusse gab es nur Holzabfuhrwege, oft in schlechtem Zustand.

Zwischen Baden-Baden und dem Kurhaus Sand ist die Straße, eine Walzschotterstrecke, bereits in den Jahren vor dem Ersten Weltkrieg verhältnismäßig gut ausgebaut. Vom Sand führt die Straße weiter zur Hundseck. Bis dort fahren auch schon vor dem Bau der Schwarzwaldhochstraße Kraftpostbusse, sowohl von Baden-Baden als auch von Bühl.

Im Juli 1930 ist erster Spatenstich für den Weiterbau der Straße von Hundseck nach Unterstmatt. Verkehrsfreigabe ist im November 1930. In der Feierstunde gibt der Kreisvorsitzende des Landkreises Baden, der Gaggenauer Bürgermeister August Schneider, der Straße den Namen Schwarzwaldhochstraße. Angeblich habe ihn der Pan-American Highway dazu inspiriert.

Die Strecke zwischen Unterstmatt und Mummelsee entsteht zwischen Oktober 1932 und Juli 1933. Bereits 1934 bauen die Arbeiter, teils unter schwierigen Bedingungen, die Schwarzwaldhochstraße zwischen Mummelsee und dem Ruhestein. 1937 wird die schlechte Strecke zwischen den Kurhäusern Sand und Hundseck saniert und verbreitert.

Der letzte Abschnitt zwischen dem Ruhestein und der Alexanderschanze wird 1938 in Angriff genommen. Den Bau leitet jetzt die Wehrmacht. Fertig wird das letzte Teilstück erst 1951/52, weit nach Kriegsende. In den 1950er- und 1960er-Jahren wird die Hochstraße verbreitert und saniert. Enge Kurven fallen im Interesse eines großzügigeren Kurvenverlaufs weg.

Die Schwarzwaldhochstraße erhält die Bezeichnung Reichsstraße 500, heute Bundesstraße 500. Interessant: Die Straße vermeidet Täler und verläuft entlang von Bergrücken und Pässen. Bis zum Ruhestein ist stets der Blick ins Rheintal offen. Danach führt sie, militärstrategische Gründe sollen in den 1930er-Jahren den Ausschlag gegeben haben, so, dass man sie von den französischen Vogesen aus nicht mehr einsehen kann.

Kleine Geschichte der Ansichtskarte

Ansichtskarten sind laut Lexikon Postkarten mit einer Abbildung auf der Rückseite. Sie enthalten meistens Grüße oder kurze Mitteilungen. Die erste Postkarte bringt ein findiger Unternehmer 1861 in Philadelphia, USA, heraus. Bereits 1865 gibt es in Deutschland erste Bestrebungen zum Einsatz von Postkarten. Allerdings ohne Erfolg, denn ein „offenes Absenden von Mitteilungen“ hält man seinerzeit für unmoralisch und beleidigend. Erst 1870 darf die Postkarte ihren Siegeszug in Deutschland antreten. Erstmals große Bedeutung erlangen die Karten als Feldpostkarten im Deutsch-Französischen Krieg 1870/71. Diese Vorläufer der Ansichtskarten zeigen auf der Rückseite Szenen und Landschaften der eroberten Gebiete.

Schon vor der Jahrhundertwende setzt sich die Ansichtskarte weltweit durch. Sie kostet wenig und die Postgebühren sind gering. Bald verkauft fast jeder Tabak- und Schreibwarenladen Ansichtskarten. 1899 werden in Deutschland 88 Millionen Postkarten produziert. 1905 zählt man bereits eine halbe Milliarde Kartensendungen und die Adressenseite ist erstmals halbseitig geteilt, nämlich in Anschriftenfeld und den Bereich für die Grüße.

Die ältesten in diesem Buch präsentierten Karten stammen aus dem auslaufenden 19. Jahrhundert.

Das Versenden von Ansichtskarten ist schon damals sehr beliebt. So gibt es vom nördlichen Hochschwarzwald und seinen Tälern mehrere tausend unterschiedliche Karten. Sie sind im Vergleich zu anderen Regionen Deutschlands recht zahlreich. Der Grund liegt in der hohen Zahl an Gästen, die hierhin einen Tagesausflug unternehmen oder sich gar für eine Woche Urlaub einquartieren. Und man will seinen Freunden und Verwandten mitteilen, wo man ist, was man unternimmt, wie schön der Schwarzwald ist. Diesem Umstand verdanken wir die Vielzahl wunderschöner Karten, von denen im Buch eine Auswahl vorgestellt wird.

Kenner unterscheiden die Karten einmal in sogenannte Vorläuferkarten, deren Motive bis etwa 1895 oft auf bräunlichen Karton einfarbig gedruckt waren. Einen zweiten Schwerpunkt bilden die Lithografien, kurz Lithos. Sie sind unter Sammlern sehr beliebt wegen ihrer aufwändigen Drucktechnik. Ihre Zeit liegt etwa zwischen 1895 bis etwa 1920. Karten dieser Zeit sind häufig mit Schnörkeln oder Blumen verziert. Ab 1920 beginnt der Siegeszug der Fotopostkarte, zuerst schwarz-weiß, dann nachkoloriert und schließlich farbig.

Baden-Baden – Geroldsau

Hier beginnt sie, die Schwarzwaldhochstraße. Am südlichen Ortsausgang des Baden-Badener Stadtteils Geroldsau steht auf der rechten Straßenseite ein kleines, fast unscheinbares braunes Schild mit der Aufschrift „Schwarzwaldhochstraße". Ab da sind es rund 60 lohnenswerte Kilometer bis Freudenstadt.

Wer von hier die Hochstraße unter die Räder nimmt, sollte den kleinen Abstecher zum Geroldsauer Wasserfall wagen. Bereits nach wenigen hundert Metern entlang der Wasserfallstraße gibt es kleine Parkplätze. Ab da empfiehlt sich der schöne, sanft ansteigende Weg entlang des Grobbaches bis zum Wasserfall, etwa einen Kilometer talaufwärts.

Entlang des Grobbachs wurden früher Holländertannen geflößt, im engen Tal groß gewachsene, nach Licht strebende Tannen, die von den Segelschiffbauern in Rotterdam zu Schiffsmasten verarbeitet wurden. Dreihundert Meter hinter dem Wasserfall lässt es sich im Bütthof zünftig einkehren.

1 Baden-Baden, weltbekannt, steht nicht nur für Kunst, Kultur, Thermalquellen. Im Ortsteil Geroldsau beginnt die Schwarzwaldhochstraße, eine der bekanntesten Touristikstraßen Europas

2 Früher führte die B 500 vorbei am Polizisten auf dem Leopoldsplatz zur Schwarzwaldhochstraße

3 Geroldsau um 1912 mit Luftschiff und der alten Geroldsauer Mühle. Die zünftig-urig neue Geroldsauer Mühle, komplett aus Holz gebaut, bildet heute das Baden-Badener „Tor zum Schwarzwald", zu Nationalpark, Naturpark und zur Schwarzwaldhochstraße

4 Ein Erlebnis ist die Wanderung von Geroldsau zum gleichnamigen Wasserfall

5 Am Ortsausgang Geroldsaus beginnt sie, die Schwarzwaldhochstraße

6 Prospekt aus den 1930er-Jahren

7 1954: Rast am Zimmerplatz mit Brezelkäfer

Geroldsau b. Baden-Baden.
Restaurant Geroldsauer Mühle.
Bes.: A. Fritsch.
Garten-Wirtschaft
3

7

SCHWARZWALD
Hochstraße
von Baden-Baden bis Freudenstadt
BÜHLER HÖHE
SAND
HUNDSECK
PLÄTTIG
WIEDEN FELSEN
RUHESTEIN
HERREN WIES
KNIEBIS LAMM
UNTERSTMATT
Die einzigartige Panoramastraße in 800 - 1000 m Höhe ü. d. M.
6

Schwarzwald-Hochstraße bei Baden-Baden
5

Geroldsauer-Wasserfall b. Baden-Baden.
4

Der Schwanenwasen

Nur noch wenige Einheimische wissen, dass dort, wo heute das Gasthaus Schwanenwasen steht, einst das große Höhen- und Luftkurhotel Schwanenwasen seinen Platz hatte. Es stand unter keinem guten Stern: Schon beim Bau stürzen 1898 Teile des Neubaus in sich zusammen. Letztlich eine unglückliche Kombination aus Pfusch am Bau und schlechter Planung.

1899 geht es an den Wiederaufbau. Ein Jahr später, im Jahr 1900, ist der Schwanenwasen fertiggestellt. Das Glück ist dem Hotel weiterhin nicht hold. Es läuft zu keiner Zeit zufriedenstellend und die Besitzer wechseln mehrfach. 1927, in wirtschaftlich schwerer Zeit, erfolgt der Abriss.

Die heutige Waldschänke „Gasthaus Schwanenwasen“ wird 1960 erbaut. Sie entsteht auf den Resten der Remise und der Stallungen des alten Kurhauses Schwanenwasen.

9

8

10

11

14

12

8 Unterhalb des Helbingfelsens:
Motorradfahrer genießen um 1938 die Aussicht auf Baden-Baden
9 Briefumschlag des Kur-Hotels Schwanenwasen,
das 1902 eine „Posthülfsstelle“ hatte
10 um 1901
11 um 1908
12 um 1960
13 Zwischen Schwanenwasen und Bühlerhöhe (um 1960)
14 Letzte Schnellballschlacht – bald ist Frühling

13

13

Das Kurhaus Bühlerhöhe, später Schlosshotel Bühlerhöhe

Auf der Bühlerhöhe baut die Generalswitwe Hertha Isenbart ein Genesungsheim für höhere Offiziere. Der erste Spatenstich ist 1912. Das außergewöhnliche Anwesen wird nach Plänen des Architekten Wilhelm Kreis erbaut und steht an erhabener Stelle auf dem Kohlbergfelsen in 770 Meter Höhe oberhalb des Bühler Tals.

In den Wirren des Ersten Weltkriegs ist die Finanzierung von Jahr zu Jahr schwerer. Aus lauter Verzweiflung nimmt sich Hertha Isenbart 1918 das Leben.

15

Der neue Besitzer eröffnet das Haus 1920 mit guter Gastronomie und individueller Betreuung als Hotel. 1921 wird es zu einem Kurhaus umgebaut. Bereits Mitte der 1920er-Jahre hat die Bühlerhöhe einen über Deutschland hinaus reichenden guten Ruf. Hochrangige und namhafte Gäste steigen ab, so Reichskanzler Gustav Stresemann und Schauspieler Gustaf Gründgens, aber auch Bundeskanzler Konrad Adenauer, nach dem eine Suite des Hotels benannt ist, in den 1950er-Jahren.

1934 trifft sich Adolf Hitler auf der Bühlerhöhe mit Benito Mussolini. Nach Ende des Zweiten Weltkriegs nutzt die französische Besatzungsmacht die Bühlerhöhe bis 1949. Danach geht es wieder aufwärts. Für Bundeskanzler Konrad Adenauer wird die Bühlerhöhe zu seinem Lieblingsurlaubsort.

Nach finanziellen Schwierigkeiten kauft der Industrielle Max Grundig das Anwesen 1986 und gibt ihm den Namen „Schlosshotel Bühlerhöhe". Schon bald spielt die Bühlerhöhe wieder in der Liga der europäischen Luxushotels. Später übernimmt SAP-Mitbegründer Dietmar Hopp das Schlosshotel. Der verkauft es an einen ukrainischen Investor, der wiederum veräußert die Bühlerhöhe an einen Kasachen. Seit Jahren steht die prachtvolle Bühlerhöhe leer. Die Investoren investieren nicht …

15 Schon etwas martialisch ist der Eingangsbereich der Bühlerhöhe (um 1925)

16

17 Hirschterrasse

17

19

18

24

23

21 Die „Diele" der Bühlerhöhe in den 1920er-Jahren
22 Die „Diele" in den 1930ern
23 Die Rotunde bildet den großzügigen Eingangsbereich des Hotels

22

21

Sanatorium Bühlerhöhe
800 m ü. d. M.
bei Baden-Baden

Chefarzt: **Dr. G. Stroomann**

Dr. Elling, Dr. Lauer, Frl. Dr. Ansorge
Dr. Dr. med. habil. Frida Schmitt

BÜHLERHÖHE

Kurverordnungen

für Frau Agathe Wirtz
Düsseldorf

vom 14. X. 1940

25 Sanatorium Bühlerhöhe in den 1930er-Jahren
29 Die großzügige Halle des Sanatoriums

Das Sanatorium Bühlerhöhe – Max Grundig Klinik

In der Nachbarschaft des „Genesungsheims Bühlerhöhe" entstand das „Sanatorium Bühlerhöhe". Das heute weithin bekannte Sanatorium öffnet seine Pforten erstmals 1913. Es bietet 40 Zimmer für wohlhabende Gäste, schon damals mit warmem Wasser. Zum Angebot gehören bereits Billard sowie ein Damen- und ein Herrenmusikzimmer. Medizinisch ist das Sanatorium hervorragend ausgestattet und hat bald einen sehr guten Ruf. Das Erfolgsrezept bildet die Kombination aus Heil- und Kurbetrieb inmitten prachtvoller Schwarzwaldberge und einmaliger Natur. Mit dem Kauf des Schlosshotels Bühlerhöhe übernimmt Max Grundig 1986 auch das Sanatorium. Der bekannte Unternehmer gründet im Sanatorium die nach ihm benannte Max Grundig Klinik, die zwei Jahre später, 1988, ihren Dienst aufnimmt. Die Max Grundig Stiftung ist heute Träger der Klinik.

28 Sonniger Wintertag um 1950 auf 800 Metern Höhe
31 Von links: Schlosshotel Bühlerhöhe, Sanatorium Bühlerhöhe und Kurhaus Plättig
um 1950
32 Skifreuden nahe der Bühlerhöhe

36

34 Die Herthahütte 1932
36 Blick vom Falkenfelsen um 1958

Die Herthahütte

Ein wahrer Geheimtipp ist die Herthahütte oberhalb von Bühlertal. Sie liegt auf halbem Weg zwischen Plättig und Kohlbergwiese. Errichtet ist die nach der Erbauerin der Bühlerhöhe, Hertha Isenbart, benannte hölzerne Schutzhütte auf den bis zu 60 Meter hohen Falkenfelsen. Von dort bietet sich ein sagenhafter Ausblick auf die umgebenden Schwarzwaldhöhen, auf Bühlertal, die Rheinebene und die am westlichen Horizont liegenden Vogesen. Faszinierend ist der Blick auf die alten, Wind und Wetter trotzenden Baumriesen unterhalb der Falkenfelsen, und das aus der Vogelperspektive.

34

35

37 Herthahütte auf den Falkenfelsen
38 Gasthaus Kohlbergwiese unterhalb des Kurhauses Plättig um 1960
39 Die alte Köhlerhütte aus dem 13. Jahrhundert steht nicht mehr (etwa um 1935)

43

Forsthaus Unterplättig

Es beherbergt die Familien der für das Revier „Unterer Plättig“ zuständigen Förster. Sehr abgelegen, aber idyllisch liegt das Haus im Hochwald. Die Kinder gehen in Herrenwies in die Schule. Im Winter bei hohem Schnee mitunter ein schwieriger Weg.

41

41 Forsthaus Unter-Plättig Ende des 19. Jahrhunderts
43 um 1912

42

Die Kapelle Maria Frieden

Die „Adenauerkapelle", so heißt die Kapelle Maria Frieden noch immer im Volksmund: Allerdings hat Konrad Adenauer die Kapelle nicht gestiftet, wie immer wieder zu hören ist. Der erste deutsche Bundeskanzler gibt aber Anfang der 1950er-Jahre den Anstoß zum Bau der neuen, größeren Kapelle auf dem herrlich gelegenen Marienfelsen vor dem Kurhaus Plättig.
Konrad Adenauer schenkt der Kapelle eine Madonnenstatue. Sie stammt aus dem Meersburger Raum und ist im Jahr 1498 gefertigt. Adenauers Sohn, Monsignore Paul Adenauer, segnet den Kapellenneubau im Sommer 1960 ein. Im Inneren sind die Altarwand und das oben verlaufende Fensterband von namhaften Künstlern ausgestaltet. Sehenswert!
Über Adenauers Geschenk hat die Presse Jahre später noch mehrfach zu berichten. Diebe stehlen die Madonnenstatue. Doch ein aufmerksamer Kirchenbesucher entdeckt die unversehrte Statue durch Zufall bei einem Hamburger Kunsthändler. So findet die Statue wieder auf ihren angestammten Platz zurück.

44

45

46

44 Kapelle Maria Frieden unterhalb des Kurhauses Plättig um 1954
45 Auch innen lohnt ein Besuch der Kapelle
46 Kapelle Maria Frieden mit Kurhaus Plättig

Das Kurhaus Plättig

Bereits 1884 erbaut die Familie Weis, bis dahin die Betreiber des Kurhauses Sand, das Kurhaus Plättig. Die Bergromantik des Hochschwarzwalds war entdeckt. Nicht nur aus dem boomenden Baden-Baden kommen die Gäste in großer Zahl zu Pferde und per Kutsche hinauf auf die Höhen. Die logische Folge: Bereits 1890/1891 steht die erste Erweiterung des Kurhauses an. Oberhalb des älteren „Kleinen Plättig" entsteht der neue „Große Plättig". Berühmte Gäste logieren im Kurhaus Plättig. So Kaiserin Elisabeth von Österreich, vielen besser bekannt als „Sissi", oder Großfürst Michael von Russland.
Ende des 19. Jahrhunderts wird der Plättig erneut erweitert. In mittlerweile 100 Zimmern ist Platz für 160 Gäste. Stolze Zahlen für damalige Zeiten. In den 1960er- und 1970er-Jahren erfährt das Kurhaus mehrere Neu- und Umbauten. 1986 erwirbt die Max-Grundig-Stiftung das Gebäude. Es folgen, wie im Schlosshotel Bühlerhöhe, SAP-Mitbegründer Dietmar Hopp, der den traditionsreichen Plättig an einen Ukrainer verkauft. Heute ist ein Kasache Besitzer des Schwarzwald-Kurhauses und es steht seit Jahren leer. Letztmals beherbergt der traditionsreiche Plättig im Juni 2010 Gäste. Am Tag darauf schließt das Hotel seine Pforten – bis heute.
Durch den Leerstand wird die Bausubstanz erfahrungsgemäß nicht besser. Die Menschen in der Region hoffen, dass sich für den Plättig eine sinnvolle Nutzung finden lässt, die die Zukunft des Höhenhotels sichert.

48

47

47 Kurhaus Plättig um 1900
48 um 1899

49

50

49 um 1901
50 um 1903
51 um 1904
53 um 1913
54 Schneeschuhlaufen um 1925
55 Urlaubsschnappschuss aus den 1930er-Jahren

51

53

54

KURHOTEL PLÄTTIG (774 m).

52

Kurhaus
Plättig
776 m

55

57

Kurhaus Plättig, 800 m

56

59

60

58

58 Plättig um 1938
59 Kurhaus Plättig um 1939
60 Die Schwarzwaldhochstraße führt direkt durch den Plättig. In der Nachkriegszeit erhält der Plättig eine Umgehung
61 Das Kurhaus Plättig – im Hintergrund die Antonius-Kapelle

61

62 Die Antonius-Kapelle
64 Antonius-Kapelle mit Karfreitagswiese
65 Die Antonius-Kapelle gehört dem Kurhaus Plättig
66 Holzreste sammeln für den Winter

Die Antonius-Kapelle

Auf der wunderschön gelegenen Wiese hinter dem Kurhaus Plättig, früher auch Karfreitagswiese genannt, steht die 1897 erbaute und im November selben Jahres von Prälat Dr. Franz Xaver Lender eingeweihte Antonius-Kapelle. Anfang der 1950er-Jahre besucht Deutschlands erster Bundeskanzler Konrad Adenauer gerne die Messen in der idyllisch am Waldesrand gelegenen Kapelle. Das spricht sich schnell herum. Die Folge: Die Kapelle platzt förmlich aus allen Nähten, ist zu klein. Die Kirchenverwaltung fordert den Abriss der Kapelle und einen größeren Neubau. Der Besitzerfamilie Habich-Weis gelingt es jedoch glücklicherweise, das Ansinnen der Kirchenoberen zu verhindern. Schließlich wird unterhalb des Plättig die Kapelle Maria Frieden gebaut.

Der in Herrenwies aufgewachsene Hansjörg Willig ist des Öfteren als Messdiener in der Kapelle eingesetzt. Er erinnert sich daran, dass er sich nach dem langen Fußmarsch von Herrenwies im Freien, und zwar hinter der Kirche, umziehen musste, ob es regnete oder schneite. Denn eine Sakristei hat die Kapelle nicht. Heute ist der bauliche Zustand der kleinen Kapelle nicht gerade optimal. Auch hier besteht Sanierungsbedarf.

Das Kurhaus Sand

824 Meter hoch liegt das Kurhaus Sand auf den Höhen des Nordschwarzwaldes unterhalb des Mehliskopfs. Zu Anfang, um 1845, war dort der Platz für eine einfache Schutzhütte mit Gastraum für Fuhrleute und Waldarbeiter. Mitte der 1870er-Jahre übernimmt Joseph Martin Weis das Gebäude samt Waldschänke und baut es zu einem Gasthaus um.
Es war die Zeit, in der vor allem Baden-Badener Kurgäste, aber auch Besucher aus dem Murgtal und Bühl die Höhengebiete für sich entdecken. Weis erkennt schnell die Wünsche seiner Besucher und baut den Sand großzügig um. Das auf Bühler Gemarkung gelegene Gebäude wird um einen Speisesaal und Gästezimmer erweitert. Eingeweiht wird das Kurhaus Sand im Beisein von Großherzog Friedrich von Baden.
1890 kauft Küchenchef Friedrich August Maier den Sand, erweitert ihn und weiht bereits 1891 den Neubau ein, unter anderem mit einem Speisesaal für 200 Personen und Tennisplatz. Schon Anfang der 1920er-Jahre folgt der Bau der für das Höhengebiet wichtigen Tankstelle. Später kommen ein Postamt und ein Polizeiposten hinzu. Das Kurhaus Sand erlebt seine erste Blütezeit. 1932 übernehmen Max Wiedemann und Ferdinand Huse das Kurhaus. Wiedemann führt das Hotel bis in die 1980er-Jahre. 1994 schließt das Kurhaus Sand seine Pforten.
Längst ist der Sand im Besitz der Kurhaus Sand GmbH. Unter gleicher Adresse firmiert die

68

69

70

Stiftung „Paradiesbau auf Erden“, deren Ziel es unter anderem ist, das Weltklima mit hochwachsenden Bäumen, wie Mammutbäumen, zu retten. Auf der Internetseite der Stiftung heißt es auszugsweise: „Der Zweck der Stiftung Paradiesbau auf Erden ist der Schutz der Natur, insbesondere die Wiederherstellung früherer natürlicher Zustände auf Erden. Ein Schwerpunkt soll dabei die Förderung der Wiederherstellung einstiger klimatischer Zustände auf Erden, die Reparatur des Weltklimas, sein.“

Das Kurhaus steht leer. Der Sand muss saniert werden, um das traditionsreiche Haus der Nachwelt zu erhalten. Außen ist das stolze Gebäude nahezu unverändert. Allerdings leidet die mit Schindeln versehene Fassade deutlich sichtbar unter den Witterungseinflüssen. Der Handlungsbedarf ist unübersehbar.

Es wird Zeit für den Sand! Innen ist das Kurhaus weitgehend originalgetreu erhalten und noch immer in recht gutem Zustand.

Der Sand liegt verkehrsgünstig an der Schwarzwaldhochstraße mit gut ausgebauten Verbindungsstraßen von Bühlertal und Bühl sowie vom Murgtal über die Schwarzenbachtalsperre und Herrenwies. Auch der Westweg führt am Sand entlang, dessen Namen der Weiler vom Buntsandsteinboden hat.

Es ist zu hoffen, dass dem einmaligen Kurhaus das schlimme Schicksal erspart bleibt, das das Kurhaus Hundseck, nur wenige Kilometer weiter, zu ertragen hat!

69 Kurhaus Sand Ende des 19. Jahrhunderts
71 Ansichtskarte aus dem Sommer 1899

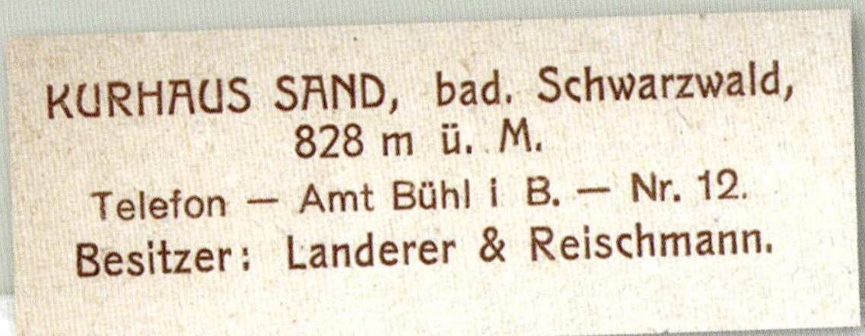
KURHAUS SAND, bad. Schwarzwald,
828 m ü. M.
Telefon — Amt Bühl i B. — Nr. 12.
Besitzer: Landerer & Reischmann.

74

73

76

75

73 um 1902
74 Kurhaus Sand um 1906 von hinten
75 Winterbild um 1906 - Schneeschuhlaufen ist angesagt
76 um 1935
77 Skilift am Kurhaus Sand
78 Fahrradwimpel (verkleinert)
80 um 1960
81 Das Jagdzimmer im Kurhaus Sand ist bis heute originalgetreu und in gutem Zustand erhalten
82 Der prachtvolle Kachelofen im Jagdzimmer (rechts) ist immer noch in Betrieb

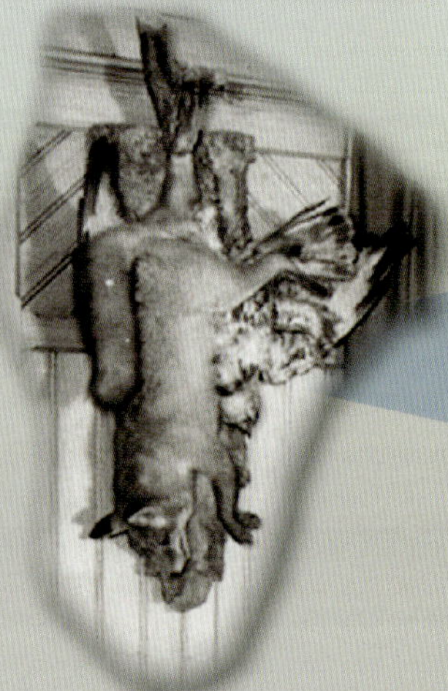

77

79

78

80

81

82

83

Kurhaus Sand, Touristenstube

84

KURHAUS
SAND
BIERSTUBE
GARAGEN
B874-347

85

86

89

88

83 Die Touristenstube im Sand mit dem auf die Wand aufgemalten Spruch "Lieber Petrus mein, lass recht kräftig schnei'n, in die Täler auf die Höh'n, Schneeschuhlaufen ist sooo schön!" Hier trafen sich nicht nur die Skifahrer, auch die Postbusfahrer wärmten sich hier auf

84 Urlaubsschnappschuss am Sand. Das alte Besatzungskennzeichen verrät die Herkunft der Gäste: B steht für Bayern und 874 für die Stadt Neu-Ulm

85 Wanderung am Sand im September 1941

86 Blick von der Kurhausterrasse Sand in die Rheinebene

88 Bismarck-Denkmal gegenüber dem Kurhaus Sand

89 Der frühere „Schwarzwald-Bazar" am Sand: Mitbringsel, Reiseandenken, Stocknägel, belegte Brötchen und Getränke

90 Kapelle „Zum guten Hirten" gegenüber dem Kurhaus Sand

90.1 Das Kurhaus Sand mit seinen Nebengebäuden Mitte der 1930er-Jahre. Auf der Straße hinunter nach Bühlertal, der Sandstraße, steht das Friedrich-Hilda-Heim

90.1

90

Das Luftkurhotel Bärenstein / Friedrich-Hilda-Heim

Etwa einen halben Kilometer unterhalb des Kurhauses Sand liegt im Westen auf Bühler Gemarkung das Gelände, auf dem bis kurz vor Kriegsende das erhabene Hotel Bärenstein stand, 1898 als Luftkurhotel eröffnet. Christian Wenk heißt der erste Pächter. Bereits 1914 wird das Hotel Kaufmannserholungsheim und in Friedrich-Hilda-Heim umbenannt, also nach den Namen des badischen Großherzogspaares, das eigens zur Einweihung anreist.

Ende des Zweiten Weltkriegs, am 16. März 1945, bombardieren englische Flugzeuge, geflogen von französischen Piloten, das Gebäude, in dem ein Lazarett für französische und belgische SS-Soldaten eingerichtet ist. 22 Tote sind die Folge dieses Angriffs. Noch heute sieht man im Umfeld gut sichtbare Bombentrichter, so auch auf dem Weg zum unterhalb gelegenen Burgstadel Bärenstein, vor wenigen Jahren saniert von Helfern des Vereins Kulturerbe Schwarzwaldhochstraße.

Die Ruine des früheren Friedrich-Hilda-Heims wird abgetragen und an selber Stelle entsteht in den Jahren 1953 und 1954 ein schmucklos-schlichtes Gebäude, ein typisches Kind der Nachkriegszeit. Die Landesversicherungsanstalt betreibt es als Kurheim, zwischenzeitlich auch Straßburger Hof genannt. Von 1976 bis 1997 trägt es den Namen Berghof-Klinik und dient der Therapie drogensüchtiger Frauen.

2006 erwirbt ein Bulgare das leerstehende Haus und will es in ein Hotel umwandeln. Der Investor setzt seine Pläne allerdings nicht um. Im Juni 2013 brennt das leerstehende Haus, der Dachstuhl fällt dabei komplett den Flammen zum Opfer. Das Gebäude wird, wie bereits sein Vorgängerbau, zur Ruine.

92

95

94

93

96

91 Schwarzwaldhotel Bärenstein mit dem gegenüberliegenden Bärenfels um 1910

93 Friedrich-Hilda-Heim mit der aus Bühlertal kommenden Sandstraße

94 um 1907

95 Holzabfuhr auf der Sandstraße

96 Nach Bombentreffern Ende des Zweiten Weltkriegs wird das Friedrich-Hilda-Heim neu aufgebaut. Links das Kurhaus Sand

Das Kurhaus Wiedenfelsen

Stolze 700 Meter hoch liegt das Kurhaus Wiedenfelsen, zwischen Bühlertal Obertal und dem Kurhaus Sand. 1893 entsteht das weithin sichtbare Gebäude neben dem aus Granit bestehenden Wiedenfelsen und bietet einen faszinierenden Ausblick bis weit in die Vogesen hinein. Ab dem Jahr 1907 hat das Gebäude mehrere Besitzer, darunter auch die Stadt Mannheim und der Deutsche Beamtenbund.

Nach Kriegsende, im Sommer 1945, wird der Wiedenfelsen Erholungsheim für französische Kinder. 1959/1960 erhält das alte Kurhaus eine Sanierung und öffnet wieder. Ab 1988 ist der Wiedenfelsen Mitarbeiterwohnheim des Schlosshotels Bühlerhöhe und des Kurhauses Plättig. Auch das gehört der Vergangenheit an. Das traditionsreiche Gebäude ist allerdings für private Feste buchbar und heißt nun „Eventhaus Wiedenfelsen".

97 Als Luftkurhotel ersten Ranges bewirbt Besitzer Friedrich Rahm um 1900 seinen Wiedenfelsen

101 Prachtvolle Aufnahme des Wiedenfelsens aus den 1930er-Jahren

102

97

Wiedenfelsen

99

101

KURHOTEL-WIEDENFELSEN
RESTAURANT

100

Partie im Gertelbach tal.
KURORT WIEDENFELSEN
Partie im Gertelbachtal.

98

103

103.1

103 um 1913

103.1 Blick auf das schön gelegene obere Bühlertal

104 + 105 Blick von Oberbühlertal hinauf zum Wiedenfelsen

104

105

106 Hotel und Kurhaus Gertelbach um 1900. Links der frühere Biergarten

Das Kurhaus Gertelbach und die Gertelbach-Wasserfälle

Das oberhalb von Bühlertal gelegene Kurhaus Gertelbach war ursprünglich eine Pferdewechselstation der Holzabfuhr. 1890 eröffnet dort das Kurhaus Gertelbach, das zwar 1976 seine Pforten schließen muss, aber nicht abgerissen wird. Das ehemalige Kurhaus steht unmittelbar am Fuße der einmaligen Gertelbach-Wasserfälle. Es ist der steilste Abschnitt des Gertelbachtals. Sagenhafte 220 Meter stürzt sich der Gertelbach kaskadenähnlich in die Tiefe, begleitet von einem 1889 eröffneten Wanderweg, dessen Route über zahlreiche Brücken den Bachlauf quert. Der Hauptfallbereich im oberen Teil der Wasserfälle zieht sich über eine Länge von 70 Metern. Nicht nur das ist ein Erlebnis!

Bis Mitte des 19. Jahrhunderts wird der Gertelbach für die Flößerei von Scheithölzern genutzt. Entlang der Gertelbachschlucht, so nannte man den Bereich früher, säumen meist hohe Tannenbäume und Buchen den Bachlauf. Bereits Ende des 19. Jahrhunderts sind die Wasserfälle gut besucht, auch von Baden-Badener Kurgästen. Heute ist es eher ruhiger links und rechts des wilden Gertelbachs.

Auch bei frostigen Wintertemperaturen lohnt sich der Besuch, sofern der Schnee nicht zu hoch ist: Große Teile der Wasserfälle sind zu Eis gefroren, dazwischen plätschert Schmelzwasser hindurch. Faszinierend!

111

110

108

114

113

115

109

108 um 1912
109 Hinter dem Hotel und Kurhaus Gertelbach beginnen die Gertelbach-Wasserfälle
110 Gertelbach-Wasserfälle um 1900
114 Sonntagsausflug zu den Wasserfällen
115 1920

112

Der Mehliskopfturm

Er liegt auf 1010 Metern über dem Meeresspiegel oberhalb der Hundseck: der Mehliskopfturm. Am besten erreichen lässt sich der Turm zu Fuß ab der Bergstation des nördlichen Hundseck-Skiliftes.
Der vom Schwarzwaldverein im Jahr 1880 erbaute Mehliskopfturm gehört heute zu den ältesten noch bestehenden Aussichtstürmen im Nordschwarzwald.
Im Jahr 1900 wird der Turm erstmals erneuert.
Unten ist der viereckige Turm aus Stein erbaut, der obere Teil aus Holz. Der Turm wurde bereits mehrfach renoviert. Das ist der Grund, weshalb der Turm über die Jahrzehnte unterschiedliche Höhen aufweist.
Von der Aussichtsplattform bietet sich eine sagenhafte Aussicht über die Schwarzwaldhöhen und ins Rheintal.

116 Der Mehliskopfturm um 1912

117

Die Bergwaldhütte am Sand

Die Bergwaldhütte, etwa 300 Meter hinter dem Kurhaus Sand, stammt aus der Nachkriegszeit. Zuerst wird das 1949 erbaute Haus als Erholungsheim für Kinder genutzt, später als Polizeiheim des Polizeivereins Karlsruhe. Die gemütlich-rustikale und 831 Meter hoch gelegene Bergwaldhütte ist nach wie vor bewirtschaftet. Sie liegt direkt am Westweg von Pforzheim bis Basel und ist bekannt für ihre badische Küche. Die Gartenterrasse ist im Sommer sehr beliebt. 26 Betten sorgen für Übernachtungsmöglichkeiten.

117.1

118

117 Das handgeschnitzte Holzschild zeigt den Weg zum Polizeiheim Karlsruhe, heute Bergwaldhütte
117.1 Polizeiheim um 1950
118 um 1960

Das Naturfreundehaus Badener Höhe

Das Original des Naturfreundehauses mit dem Namen Schwarzenbach, 1912 eingeweiht, stand einst dort, wo heute die Wasser der Schwarzenbach-Talsperre in der Sonne glänzen. Mit dem Bau der Talsperre wird 1924 ein Ersatzgebäude entlang des Weges vom Kurhaus Sand zur Badener Höhe eröffnet, 880 Meter hoch. Besitzer des Naturfreundehauses Badener Höhe sind die Naturfreunde Baden, Ortsgruppe Karlsruhe. Das Haus liegt ruhig und erholsam mitten im nördlichen Teil des Nationalparks Schwarzwald direkt am Westweg, etwa zwei Kilometer von der Schwarzwaldhochstraße. Das Naturfreundehaus ist bewirtschaftet und ist bestens bekannt für gute Kuchen und Speisen für hungrige und durstige Wandersleute.

120

119

119 Das Naturfreundehaus „Badener Höhe" in den 1930er-Jahren

Die Badener Höhe

Sie ist der höchste Punkt auf Baden-Badener Gemarkung. Stolze 1002,5 Meter hoch liegt die Badener Höhe. Auf die 50 Zentimeter hinter dem Komma legen die Baden-Badener großen Wert. Die Badener Höhe krönt der 1890 aus Buntsandstein erbaute Friedrichsturm, benannt nach Großherzog Friedrich von Baden, der den 30 Meter hohen Turm 1891 einweiht. Eine 168 Stufen zählende Treppe führt im Inneren auf die Plattform. Von ihr bietet sich ein sagenhafter Ausblick auf die umliegenden Täler, Höhen und das Wäldermeer des Nordschwarzwalds, auf Baden-Baden, die Rheinebene und die Berge der benachbarten Vogesen, des Pfälzer Waldes und der Schwäbischen Alb. Bei außergewöhnlich guten Wetterbedingungen sind weit im Süden sogar einige Gipfel der Alpen sichtbar. Traumhaft – das muss man gesehen haben!

Die Badener Höhe liegt samt Turm und Schutzhütte am Westweg. Sie ist nicht ohne Grund ein beliebtes Wander- und Ausflugsziel, das an ein großes Netz von zahlreichen Wanderwegen angebunden ist. Besitzer des Turmes ist die Stadt Baden-Baden. Betreut wird er mit Hingabe von den Ehrenamtlichen der Ortsgruppe Baden-Baden des Schwarzwaldvereins, die den Turm auf dem schönsten Aussichtspunkt der Badener Höhe errichtet und ihn direkt nach Fertigstellung der Bäder- und Kurstadt schenkt. Zugänglich ist der Turm über das gesamte Jahr, wobei sich in der Winterszeit etwas Vorsicht empfiehlt.

121

122

121 + 122 Friedrichsturm auf der Badener Höhe

Der Sandsee

Etwa einen Kilometer östlich des Kurhauses Sand in Richtung Herrenwies liegt, eingebettet von hohen Schwarzwaldtannen, der malerisch-idyllische Sandsee. Ein Geheimtipp!
Das Wasser des künstlich angelegten, aufgestauten Sees wird im 18. Jahrhundert zur Flößerei genutzt, der Schwarzenbach kurz hinter seiner Quelle aufgestaut. So entsteht ein Schwallsee, mit dem der unterhalb gelegene Schwarzenbach für jeweils wenige Minuten die für den Holztransport wichtigen Wassermengen erhält.
1933 wandelt der Reichsarbeitsdienst den Sandsee in ein Strandbad um. Das Wasser erwärmt sich auch im Hochsommer nur wenig. Trotzdem wird der Badesee bis in die Mitte der 1970er-Jahre zum Schwimmen genutzt. Es gibt ein Kiosk, eine Liegewiese und eine Bootsvermietung. Seinen Namen verdankt der See auf der Gemarkung der Stadt Bühl dem dort vorkommenden Buntsandsteinboden.
Die an den Sandsee angrenzenden Wälder gehören inzwischen zum Nationalpark Schwarzwald. Von der Landesstraße 83 biegt, vom höher gelegenen Sand kommend, nach etwa einem Kilometer ein kleiner, unbefestigter Waldweg links ab. Es empfiehlt sich oben an der Straße zu parken. Nach etwa 300 Metern zu Fuß hat der Besucher den See erreicht, um dessen malerisches Ufer ein Weg führt.

123

124

125

123 Der idyllische Sandsee zwischen Kurhaus Sand und Herrenwies
124 Ist das nicht eine stimmungsvolle Aufnahme aus den 1930er-Jahren?
125 um 1925
126 Sandsee mit Strandbad, Bootsverleih und Umkleidegebäude
127 um 1955
128 Luftaufnahme des Sandsees. Oben die Verbindungsstraße vom Sand nach Herrenwies

Herrenwies

Idyllisch liegt der malerische Ort Herrenwies zwischen Murgtal und Schwarzwaldhochstraße in 750 Metern Höhe. Die Rodung von Herrenwies geht auf das 12. oder 13. Jahrhundert zurück. Der Ort im Schwarzenbachtal gehört zu den wenigen hochgelegenen Waldkolonien des Schwarzwaldes.

Gegründet wurde Herrenwies im Zuge der Glashütte des Rastatters Franz Anton Dürr um 1732. Betrieben wird die Glashütte von 1732 bis 1778. Aus dieser Zeit bestehen noch der Rossstall und die 1744/45 erbaute alte Kirche St. Antonius, heute im Besitz des Vereins Kulturerbe Schwarzwaldhochstraße. Der Verein nutzt das ehemalige Kirchengebäude für kulturelle und museale Zwecke. Nach Schließung der Glashütte arbeiten die Herrenwieser vornehmlich als Holzhauer.

Ein Teil von Herrenwies liegt vor dem Baubeginn der Schwarzenbach-Talsperre um 1922 auf dem Boden des heutigen Stausees. Die dort stehenden Häuser werden abgerissen. Ersatz entsteht drei Kilometer oberhalb auf dem Gebiet des heutigen Herrenwies.

In Herrenwies leben heute rund 70 Menschen. Etwas über 30 Häuser zählt die Streusiedlung. Auf dem Herrenwieser Friedhof sind die Grabstätten manch bekannter Schwarzwald-Hoteliers. Die Siedlung unterhalb der über 1000 Meter hohen Badener Höhe ist seit 1930 ein Ortsteil der Gemeinde Forbach. Die nächstgelegene Ortschaft ist das sieben Kilometer entfernt liegende Bühlertal.

Im Sommer besuchen viele Wanderfreunde das Herrenwieser Tal, im Winter kommen Skilangläufer hinzu.

132

133

131

134

135

129 Grafik von Herrenwies mit Kurhaus um das Jahr 1900. Der Schwarzenbachfall liegt noch ein ganzes Stück talabwärts
130 Herrenwies in den 1930er-Jahren
131 Die Bauern fahren ihr Heu ein
133 um 1935
134 Ende der 1950er-Jahre

136

139

135.1

138

141

135.1 1930er-Jahre. Ein warmer Tag, im Garten des Kurhauses Herrenwies erholen sich die Gäste unter dem Sonnenschirm
136 um 1910
137 Fliegeraufnahme um 1930. Links die katholische Kirche St. Antonius, daneben der Friedhof. Das schmale, längliche Gebäude links ist die „Alte Kirche“ Herrenwies, das der Verein „Kulturerbe Schwarzwaldhochstraße“ für seine Veranstaltungen nutzt. Unterhalb die alte Schule
138 Herrenwies mit dem oberhalb im Wald gelegenen Naturfreundehaus „Badener Höhe“
140 Anfang der 1930er-Jahre
142 Schwarzwaldidylle
144 Der alte Rossstall im Vordergrund ist nach der Alten Kirche das zweitälteste Gebäude von Herrenwies
145 1930er-Jahre. Eine Einkehr in der „Waldesruh“ lohnt auch heute noch. Das Auto im Vordergrund ist ein Adler
146 Anfang der 1930er-Jahre

142

137

145

143

146

144

140

Der Herrenwieser See

Wie der weitaus bekanntere Mummelsee ist auch der Herrenwieser See ein Karsee. Sie bildeten sich nach der Eiszeit in ehemaligen Gletschermulden. Der Nordschwarzwald war reich an Karseen. Heute sind sie allerdings fast alle zugewachsen und verlandet. Karseen haben meist keinen Zufluss und werden ausschließlich durch Regen- oder Schmelzwasser gespeist.
Der Herrenwieser See ist ein Stückchen einmaliger Natur, weit weg von jeglichem Autolärm, idyllisch zwischen Herrenwies, der Badener Höhe und der Schwarzenbach-Talsperre gelegen. Er hat eine Wasserfläche von fast zwei Hektar, ist bis zu zehn Meter tief und liegt 834 Meter hoch. Seine Karwand hat die stolze Höhe von 170 Metern. Sie ist die höchste im Nordschwarzwald. Besucher des Herrenwieser Sees kommen gerne wieder: Kaum ein See im Nordschwarzwald strahlt diese Ruhe aus und bietet diese unvergleichlich schöne Landschaft, sei es im Sommer oder im Winter.

148

147

147.1

147 Wanderung zum Herrenwieser See zu Kaisers Zeiten
148 um 1935

Die Schwarzenbach-Talsperre

Die Schwarzenbach-Talsperre zwischen Herrenwies und Forbach im Murgtal ist ein touristischer Anziehungspunkt. Die Lage ist idyllisch: Von tannenbestandenen Schwarzwaldbergen umgeben gehört der weithin bekannte Stausee zu den beliebtesten Ausflugszielen des Nordschwarzwalds. Ein Gang über die Staumauer und eine Wanderung entlang der malerischen Nordseite des über zwei Kilometer langen Stausees lohnen sich.
Allein 400 Meter lang und 65 Meter hoch ist die Staumauer. Der Wasserspiegel des Sees liegt auf 670 Metern. Maximal 14,4 Millionen Kubikmeter Wasser kann die Talsperrenanlage speichern. In unter- und oberirdischen Druckstollen und -rohren wird das Wasser zur Stromgewinnung zum Rudolf-Fettweis-Werk ins nahe Forbach geleitet. Öffnet man den Grundablass der Staumauer braucht es etwa 10 Wochen, bis das Staubecken entleert ist!
1922 beginnt der Bau der Schwarzenbach-Talsperre. Wald wird gerodet, drei Häuser abgerissen. Ersatz finden die Familien oberhalb in Herrenwies. Mit bis zu 2000 Arbeitern ist es seinerzeit die größte Baustelle Deutschlands. Die Staumauer besteht aus Gussbeton, damals eine noch ganz neue Technik. Nur die Verblendung der Mauer entsteht aus heimischem Granit, gebrochen in einem nahe der Talsperre eingerichteten Steinbruch, aus dem auch die Betoneinlagerungen stammen. Eine Lorenbahn stellt den Transport zur Talsperre sicher. Und mit einem nur für die Bauarbeiten eigens errichteten Schrägaufzug gelangen die restlichen Baumaterialien aus dem Murgtal zur Staumauer. 1926 kommen die Arbeiten zum Abschluss.
Im Zweiten Weltkrieg ist die Schwarzenbach-Talsperre Ziel alliierter Luftangriffe. Bei einem Bombenangriff am 19. Juli 1944 erhält die Staumauer direkte Treffer. Glücklicherweise wird sie nicht schwer beschädigt. Ein Brechen der Mauer hätte im Murgtal eine wahre Katastrophe hervorgerufen. Die Staumauer sollten einst Flakgeschütze schützen, bedient von Hitlerjungen aus Baden-Baden.
In den 1950er-Jahren gibt es am Nordufer einen Campingplatz. Es gibt bis heute Ruder- und Tretboote. Mit einem Motorschiff können Touristen den Stausee näher erkunden. Das über die Jahre mehrfach erweiterte Hotel steht seit 2011 samt Gastronomie leer. Der beliebte Kiosk ist seit Ende der 1920er-Jahre in Betrieb.

149

151

150

153

152

6. Blick auf den Materialzuleitungsbahnhof und die Brech- und Mahlanlage.

154

154.1

149 1925 - die Schwarzenbach-Talsperre im Bau

150 Aufwändig war die Baustelle, hier mit der Materialseilbahn. Die Staumauer ist am Fuß sehr mächtig

151 Die Siemens-Bauunion aus Berlin-Siemensstadt führte den Bau der Talsperre aus

152 Harte Arbeit für die Männer

153 Die Dampflokomotive war für den Materialtransport eine wichtige Hilfe

154 Blick auf den Materialzuleitungsbahnhof und die Brech- und Mahlanlage. Oben ist die Materialseilbahn zu sehen

154.1 Die Laufkrane der Siemens-Bauunion bei der Arbeit an der vorderen Staumauer

155 Kurz vor der Fertigstellung 1926

156 Die Talsperre entwickelt sich schnell zum Besuchermagnet

157 Das Gasthaus zur „Schwarzenbachsperre" war Anlaufpunkt vieler Ausflugsgäste

158 Ist das nicht ein schöner Reichspost-Omnibus? Auf dem Zielschild steht Achern - Hornisgrinde. Vorne rechts der Beginn der Staumauer

159 Allein neun Kraftpostbusse sind auf diesem Foto zu sehen

160 Mitte 1930er-Jahre: Ein rassiges Mercedes Cabriolet hält am Schwarzenbach-Stausee

166

165

163

162

164

161

169

170

171

161 Rast an der Talsperre im Mai 1935. Das Auto ist wohl ein Opel-Cabriolet

162 Das Wasser ist abgelassen – sehenswertes Erlebnis für die zahlreichen Besucher

163 Mitte der 1950er-Jahre betrieb Peter Werner das Gasthaus „Zur Schwarzenbach-Talsperre"

166 Die an der Straße geparkten Autos ergäben heute ein sehenswertes Oldtimer-Meeting

167 Um 1936. Es hat am Vortag wohl kräftig geregnet. Die Talsperre läuft voll und überschüssiges Wasser muss durch die Staumauer abgelassen werden

170 Zeitweilig gab es auf dem östlichen Talsperrenufer einen (wilden) Campingplatz

171 Wunderschöne, stimmungsvolle Aufnahme

167

172

173.2

173

174

173.1

176

176.1

172 Prachtvoll!
173.1 Am Ende der Talsperre
173.2 Der Autor im Alter von 8 Jahren an der Talsperre. Im Hintergrund das Touristenboot
174 um 1930
176 Die Talsperre und die Fall- oder Druckrohre zum Rudolf-Fettweis-Werk nahe Forbach. Das Talsperren-Wasser treibt dort mehrere Turbinen zur Stromgewinnung an
176.1 Die Druckrohrleitung, in der Mitte die Gleise der Material-Standseilbahn
177 Wir steigen in den Uralt-Käfer von Volkswagen und fahren mit stolzen 24,5 PS weiter zur Hundseck. Das Kennzeichen sagt uns, das Auto aus der französischen Besatzungszone (FB) mit der Nummer 23 kommt aus Bühl/Baden

175

177

Das Kurhaus Hundseck

Das einst stolze und prachtvolle Kurhaus Hundseck lag auf einer Höhe von 884 Metern an der Abzweigung der Schwarzwaldhochstraße hinunter nach Hundsbach, südlich des Mehliskopfs. Anfang des 19. Jahrhunderts steht dort eine einfache, mit Stroh gedeckte Hütte, in der es Essen und Getränke gibt. 1884 baut Michael Hermann Wirth das Gasthaus neu und bietet mehrere Zimmer an. Seine Gäste sind in erster Linie Holzhauer und Fuhrleute.

Die Zahl der Sommerfrischler, die die malerischen Schwarzwaldhöhen für sich entdeckten, nimmt zu. 1886 übernimmt Andreas Hammer das Gebäude. 1892 kommt Teilhaber Stefan Maushart hinzu. Der bekannte, damals in Baden-Baden lebende Architekt Wilhelm Vittali, er erbaute auch Brenners Parkhotel, erhält 1896 den Auftrag zum Umbau zu einem Höhenhotel.

Die Hundseck erhält als erstes Höhenhotel elektrisches Licht. Später kommt für die Sommermonate ein von Quellwasser gespeistes Außenschwimmbecken hinzu. Warm dürfte das Badewasser kaum gewesen sein. Trotzdem erfreut es viele Hotelgäste. Das Kurhaus Hundseck steht in voller Blüte. Während des Zweiten Weltkriegs dient das Haus der Kinderlandverschickung, teilweise auch als Sitz der NSDAP-Kreisleitung. Nach Kriegsende beschlagnahmen die Franzosen das Höhenhotel bis 1947.

Das gut erschlossene Gebiet rund um das Kurhaus wird schnell zu einem Mittelpunkt des Wintersports. Ein großer Skihang entsteht, später kommt ein zweiter hinzu. Viele junge Wintersportler erlernten dort das

178

179

Skifahren. Aus der jungen Trendsportart wird schnell ein Volkssport.
1921 folgt eine erste 20-Meter-Skisprungschanze.
Auf der 1948/49 vom Skiclub Baden-Baden erbauten Nordschwarzwald-Schanze werden zahlreiche nationale und internationale Wettbewerbe und Meisterschaften ausgetragen. Den ewigen Schanzenrekord mit 68 Metern hält kein geringerer als Georg Thoma. Die Schanze war eine Attraktion: Zu den Wettbewerben kommen oft mehrere 1000 Skisprungfreunde. Heute ist die Schanze nicht mehr in Betrieb.
Nach Reparatur so mancher Schäden nimmt der Hotelbetrieb 1948 seinen Betrieb wieder auf. Aber die Urlaubsziele der Deutschen ändern sich. Nur noch im Winter ist oben richtig was los. Die Ruhrknappschaft Bochum erwirbt das Kurhaus Hundseck 1957 und nutzt es zur Erholung für Bergarbeiter. Ein Hallenbad kommt 1968 hinzu.
Ab 1983 geht die Hundseck durch mehrere Hände, ohne Erfolg. Während eines zerstörerischen Sturms im November 2010 wird das Dach des traditionsreichen Hauses so schwer beschädigt, dass es die Behörden später als einsturzgefährdet einstufen.
2007 wird die Hundseck erstmals versteigert. Der Teilabriss, der eine auf Jahre hin hässliche Ruine zum Ergebnis hat, erfolgt 2012 aus Sicherungsgründen.
Ein tragisches und trauriges Schicksal! Vom einst so ruhmreichen Haus zum Schandfleck! Wie es wohl weitergehen mag?

178 Eine sehr frühe Aufnahme des Kurhauses Hundseck, das seinerzeit auch den Namen Gertelbach-Hotel trug
179 Diese Karte wird an Pfingsten 1900 in das schlesische Liegnitz versandt
180 Das Kurhaus Hundseck an einem sonnigen Wintertag um 1900
181 Speisesaal im Kurhaus Hundseck um 1905

182

184

183

188.1

185

186

188

187

182 Ochsengespann mit schwerem Langholzfuhrwerk vor dem Kurhaus Hundseck
183 Ein Reichspostbus mit großem Faltverdeck kommt am Kurhaus Hundseck an (um 1937)
184 Wir geben alles: Diese fidelen Burschen musizieren an der Hundseck
186 Ein prachtvolles Auto neben dem anderen. Die Hundseck in den 1930er-Jahren
188 Mitte der 1930er-Jahre
188.1 Weltkugel-Ford aus dem Ruhrgebiet um 1955 auf großer Schwarzwaldfahrt

189 In den 1950er-Jahren
190 K.L.V. Lager steht für Kinderlandverschickung. Ab Oktober 1940 wurden Schulkinder und teilweise auch Mütter mit Kleinkindern aus den vom Luftkrieg bedrohten deutschen Städten längerfristig in weniger gefährdeten Gebieten untergebracht Nicht nur die Hundseck wurde im Nordschwarzwald so genutzt
191 um 1912
192 Schnee, Schnee und nochmals Schnee, um 1920
205 Sommer 1952
206 Kurhaus Hundseck mit dem Schwimmbad
208 Ausflug mit Opa und Oma zur Hundseck
209 Wir fahren weiter mit Opel Rekord, VW Käfer und VW Bus zum Kurhaus Unterstmatt

193 Skifreuden noch ohne Skilift Ende der 1920er-Jahre. Die Hundseck war eine Wiege des Wintersports im Schwarzwald

194 Der deutlich erweiterte Hundseckhang mit Skisprungschanze und Sprungrichterturm

195 So fing es an, das Schneeschuhlaufen, später setzt sich der Begriff Skifahren durch

196 Am 10. Februar 1906 wird diese außergewöhnlich gestaltete Ansichtskarte nach Müllheim in Baden verschickt. Sie gibt Wintersporteindrücke wieder. Das obere Foto zeigt das Einlaufen des Siegers im Skilanglauf mit Start am Ruhestein. Die Strecke führte über die Hornisgrinde zum Ziel an der Hundseck. Eine gewaltige Strecke mit dem damaligen Skimaterial

197 Um 1902 – Wintersport auf Hundseck. S.C.S. ist die Abkürzung für Ski-Club Schwarzwald

198 Skisprunglauf-Wettberwerb an der Sprungschanze am Kurhaus Hundseck um 1908

199 Die sogenannte Übungswiese am Hundseckhang. Noch stehen die Bäume ganz nahe an der Sprungschanze

200 Sprung von Skispringer Contini vom Ski-Club Schwarzwald Bühlertal am 20. Februar 1927

201 1909: Skifahrer machen sich auf den Weg an der Hundseck Interessant sind die Bindungen an den Skiern. Die Frau mit der weißen Jacke fährt noch mit nur einem langen Stock, also mit der alten Technik. Die anderen haben bereits zwei Skistöcke

203 Schaulustige beobachten die Skifahrer

204 Anfang der 1950er-Jahre

202

201

204

203

Das Höhenhotel Unterstmatt

Auf 928 Metern Höhe stand bereits 1904 ein Gasthaus mit Übernachtungsmöglichkeiten. Anna Klumpp, die Tochter des Ruhestein Hoteliers, kauft die Unterstmatt 1911. Die Zufahrt ist schwierig und geht damals über Sasbach und Breitenbrunnen sowie ab 1925 über die neue Omerskopfstraße, auch des „Schwarzwalds schönste Zufahrtsstraße" genannt.
So wundert es nicht, dass sich die Besitzer für eine bessere Anbindung der Hundseck stark machen. Dies deshalb, weil dann auch die meist gut betuchten Baden-Badener Kurgäste den Weg zur Unterstmatt finden. Letztlich setzt der Bau der Schwarzwaldhochstraße diesen Wunsch Anfang der 1930er-Jahre um.
Von einer Matte, also einer Bergwiese, leitet sich der Name Unterstmatt ab. Auf der Matte „unterte" das Vieh. Mit anderen Worten: Die wiederkäuenden Kühe ruhten dort zur Mittagszeit.

Der Bau des ersten Skilifts beginnt 1950. Betrieben wird er von einem ausgedienten Panzermotor, der später noch am benachbarten Ochsenstall zum Einsatz kommt. Vor dem Liftbau heißt es, erst die Arbeit, dann das kurze Vergnügen: Skier auf den Buckel, Stöcke in die Hand – und den Skihang am Rande mühsam hochstapfen. Von oben geht es in sanften Schwüngen nach unten, viel zu schnell, denn schon wieder steht der kräftezehrende Aufstieg bevor.
Der Hotelbetrieb wird 1992 aufgegeben. Nach wie vor ist der Skilift in Betrieb. Längst sind Schneekanonen im Einsatz. Inzwischen hat die Familie Fahrner die Unterstmatt gekauft.
Die Unterstmatt bietet noch mehr. Mit der „Großen Tanne" und der „Hochkopfstube" stehen zwei Höhengasthäuser parat, in denen die Gäste gut versorgt werden; nicht nur mit der obligatorischen Schwarzwälder Kirschtorte, von der man übrigens unbedingt probieren sollte.

210

211

212

215

214

210 Kurhaus Unterstmatt zu Kaisers Zeiten – noch vor der Erweiterung

211 Unterstmatt um 1910

212 Die Splitthaufen auf der rechten Straßenseite könnten als Streugut im Winter dienen oder zeugen vom Bau der Omerskopfstraße, des Schwarzwalds schönster Zufahrtsstraße

213 Kurhaus Unterstmatt mit Skihang und gelbem Kraftpostbus, der die Omerskopfstraße hochkam, Ende der 1950er-Jahre

215 Junge Urlauberin genießt Kaffee und Kuchen vor dem Höhenhotel Unterstmatt, um 1955

215.1 Urlauberin aus Dortmund vor dem Höhenhotel. Das Nummernschild aus der Besatzungszeit verrät die Herkunft. Der Buchstabe „R" steht für britische Zone Rheinland, die Zahl „36" für die Stadt Dortmund

224 Raststätte „Zur großen Tanne". Auch heute lohnt ein Besuch

215,1

213

224

216 Schneereicher Winter in den 1920er-Jahren
217 Willkommenes Sonnenbad mit Skiern und Stöcken
218 Links die „Große Tanne", rechts Untersmatt. Interessantes auf dem Skihang: Obwohl der Skilift läuft, sparen sich viele Skifahrer das Geld und laufen am rechten Pistenrand nach oben. Von dort geht's auf den Brettern in einer Minute bergab und wieder beginnt der mühsame, schweißtreibende und minutenlange Aufstieg mit den hölzernen Skiern auf dem Buckel
219 Keilhosen, Anorak und Rautenpulli: Aktuelle Skimode Ende der 1950er-Jahre
221 Blick vom 1040 Meter hohen Hochkopf auf das Kurhaus Unterstmatt und die Hornisgrinde
222 Auf dem noch kurzen Skihang zeigen Mitte der 1930er-Jahre durchaus einige Skifahrer ihr Können

Der Ochsenstall

Das einfache, aber gemütliche Ski- und Wanderheim auf 1036 Metern Höhe ist die höchste bewirtete Hütte im Nordschwarzwald. Im Haus ist sowohl eine Pension als auch ein Gasthaus untergebracht. Erbaut haben den Ochsenstall die Skizünfte Ettlingen und Durlach, eröffnet 1956. Der Ochsenstall liegt direkt am Westweg inmitten einer schönen Schwarzwaldlandschaft, direkt am Fuße der Hornisgrinde, dem höchsten Berg des Nordschwarzwaldes.
Die erste Ochsenstallhütte wurde übrigens vor dem Neubau des Ski- und Wanderheims einst als Unterstand für Holzrückeochsen genutzt.

225 Skiheim Ochsenstall
226 Wormser Ski-Hütte des Ski-Clubs Schwarzwald auf dem 1023 Meter hohen Hochkopf. Interessant: Die Post zur Wormser Ski-Hütte hatte in den 1920er-Jahren einen komplizierten Weg. Briefe und Päckchen gingen von Achern an die Bahnadresse Ottenhöfen in Baden. Von dort übernahm Fuhrmann Roth den Weitertransport auf die Höh'. Telegramme und Telefongespräche waren über das Kurhaus Unterstmatt zustell- bzw. vermittelbar

Die Kurklinik und Sanatorium Breitenbrunnen

Ende des 19. Jahrhunderts entsteht das Sanatorium am Breitenbrunnen. Die gesamte Anlage liegt auf rund 800 Metern Höhe und bietet eine einmalig schöne Aussicht ins Achertal. 1983 geht die spätere Schwarzwald-Sanatorien GmbH in Konkurs. Der Niedergang der großen Kliniktradition auf dem Breitenbrunnen nimmt ihren Anfang. In den Jahren danach gibt es mehrere Versuche, den Gebäudekomplex wieder auf Kurs zu bringen – ohne Erfolg. Seit 1996 steht der Breitenbrunnen leer. Die Gemeinde Sasbachwalden plant zwischenzeitlich auf dem Gelände eine riesige Skihalle, doch auch dieses Vorhaben scheitert. Neue Nachrichten gibt es 2013: Eine Baden-Badener Stiftung gibt Pläne bekannt, auf dem Breitenbrunnen die „Anima Tierwelt" einzurichten. Gut ist: Das historische Hauptgebäude soll erhalten bleiben. Inhalte der „Anima Tierwelt" sind voraussichtlich ein Bildungs- und ein tiergestütztes Therapiezentrum, ein Schaubauernhof sowie ein Gasthof mit badischen und schwarzwälder Gerichten.

230

227

228

227 Kurhaus Breitenbronn um 1894. Geläufiger war der Namen Breitenbrunnen, der sich letztlich durchsetzte. Links der Hochkopf, rechts die Hornisgrinde

228 Foto vom Breitenbrunnen aus dem Sommer 1890. Noch steht das Haupthaus allein

229 Kurhaus Breitenbrunnen von der Straßenseite her gesehen

230 Der erste Anbau steht

231 Brunnen mit Haupteingang

233 Blick von der Schwarzwaldhochstraße Richtung Rheintal und Straßburger Münster Ende der 1940er-Jahre

229

231

232

233

Das Berghotel am Mummelsee

Stolze 1032 Meter hoch und umsäumt von tannenbestandenen Berghängen liegt das Berghotel Mummelsee unmittelbar neben dem sagenhaften und sagenreichen See gleichen Namens am östlichen Fuße der mächtigen Hornisgrinde. Der Name des Sees stammt sehr wahrscheinlich von den früher dort wachsenden Seerosen, im Volksmund Mummeln genannt.
Um 1850 steht am Ufer bereits eine erste Schutzhütte. Ihr folgt 1885 ein erstes steinernes Haus. Die Zahl der Höhentouristen wächst stetig. Und so entsteht bereits 1893 das Berghotel Mummelsee mit immerhin 14 Zimmern.
1929 kauft die Waldgenossenschaft Seebach das Gebäude. Nur ein Jahr später erhält der Mummelsee den Anschluss an die Schwarzwaldhochstraße. Schnell wird der See zum beliebtesten Ausflugsziel an der noch jungen Hochstraße. Das hat sich bis heute so gehalten. Die Jugendherberge wird 1932 errichtet, 1949 brennt sie ab. Über die letzten Kriegsjahre dient das stetig erweiterte Berghotel der Kinderlandverschickung, nach Kriegsende ziehen französische Militärverbände ein. Erst 1955 sind Hotel und Seegelände wieder frei. In

234 Auf der Fahrt von Baden-Baden zum Mummelsee mit Chauffeur im Mercedes-Benz gegen Ende der 1920er-Jahre
235 Mummelsee um 1900
237 Hotel Mummelsee
238 um 1922
239 Berghotel Mummelsee mit vielen Gästen am Ufer
242 Küchenmannschaft und Bedienstete des Berghotels Mummelsee um 1930. Man beachte den Koch!

236

235

234

schwierigen Nachkriegszeiten sind am Berghotel erhebliche Schäden zu renovieren. Der Parkplatz und die Verbreiterung der Schwarzwaldhochstraße stehen 1960 an – kein Wunder, denn der Besucherverkehr nimmt spürbar zu. Das Wirtschaftswunder macht sich auch im Hochschwarzwald bemerkbar.

Das Hotel brennt im Jahr 2008 ab. Die Entscheidung, ein neues Berghotel im alten Stil zu bauen, erweist sich als richtig.

Der sagenumwobene Mummelsee, in ihm soll es schließlich Nixen geben, ist ein Karsee und damit ein Überbleibsel der letzten Eiszeit. Sein Wasserspiegel liegt auf 1028 Metern. Er ist 17 Meter tief und fast vier Hektar groß. Entlang des Sees führt ein 800 Meter langer Rundweg, der inzwischen barrierefrei angelegt ist. Und wer etwas genauer hinschaut, kann einen der kleinen schwarzfarbenen Molche am Uferrand beobachten.

Längst gehört der Mummelsee zu den meistbesuchten Seen Baden-Württembergs. Im Berghotel lässt es sich gut essen, Zimmer laden zur Übernachtung ein, ein Erlebnis rundum. Ein Tretbootverleih steht zur Verfügung und mehrere kleine Geschäfte laden zum Andenkenkauf ein. Und wenn die Sichtbedingungen nach Süden hin ideal sind, was durchaus öfter vorkommt, sind in der Ferne die majestätischen Gipfel der Alpen zu sehen – ein beeindruckendes Naturschauspiel.

237

238

239

251

242

241 Reisegesellschaft aus Baden-Baden am Mummelsee, aufgenommen am 5. Juli 1928
243 Ein sonniger Wintertag. Zahlreiche Skifahrer haben ihre Bretter am Vorderhaus abgestellt und stärken sich, bis am frühen Abend der Postbus nach Achern oder Bühl losfährt
244 Ostern 1933
245 Das Berg-Hotel Mummelsee um 1930. Die Hotelnamen wechseln oft
246 Ein Mercedes-Benz Omnibus des Gernsbacher Reiseunternehmers Ernst Frey hat gerade Fahrgäste zum Mummelsee gebracht. Auch auf 1000 Metern Höhe ist es sommerlich warm, das Rollverdeck ist offen
252 um 1920
253 Ende der 1920er-Jahre
255 Mittagsrast auf über 1000 Metern
256 Die alte Kapelle ist inzwischen abgerissen
257 Früher führte die Schwarzwaldhochstraße quasi um die längst abgerissene Jugendherberge herum. Im Hintergrund das Hotel Mummelsee
259 Mummelsee mit Berghotel und Hornisgrindeturm

240

243

252

245

253

244

241

254

259

246

255

256

257

249

248

258

250

247

247 Mitte der 1950er-Jahre
248 Urlaubsschnappschuss um 1960
249 Die Bootsverleihstelle
250 Sommerliche Ruderbootfahrt in den 1930er-Jahren
258 „Pimpfe" des Jungvolkes im Kinderlandverschickungslager Mummelsee in der ersten Hälfte der 1940er-Jahre

Die Hornisgrinde

Sie ist die Königin des Nordschwarzwalds. Mit 1163 Metern erhebt sich die Hornisgrinde zum höchsten Berg des nördlichen Schwarzwalds – ein langgestreckter Bergrücken mit einer Länge von rund zwei Kilometern. Im Osten fällt der Hang steil zum eiszeitlichen Kar des Biberkessesls mit dem längst verlandenden Blindsee ab. In kalten Wintern bilden sich oben am Beginn des Abhangs bei Sturm und starken Schneefällen gefährliche Schneewächten.

Sehenswert ist die Grindenlandschaft, baumlose Feuchtheiden auf der Hochfläche. Sie entstanden ab dem 15. Jahrhundert nach der Rodung des Waldes und der sich anschließenden Nutzung als Viehweidefläche. Ebenso unbewaldet ist das im südöstlichen Teil der Gipfelebene befindliche Hochmoor, das eine Stärke von bis zu fünf Meter aufweist. Fachleute gehen davon aus, dass es zumindest 6.000 Jahre alt ist. Die Hornisgrinde zählt zu den niederschlagsreichsten Orten Deutschlands. Am trockensten ist es im Februar; am meisten regnet es im Juni.

Am höchsten Punkt der Hornisgrinde steht der 7 Meter hohe frühere Signalturm, später auch Bismarckturm genannt. 1871 erbaut, dient er zuerst der Landesvermessung. Mit einer Außentreppe wird der Turm 1892 zum heute noch nutzbaren Aussichtsturm. Der Turm hatte bereits seit 1822 einen Vorläufer, der der Badischen Vermessung als trigonometrischer Messpunkt diente. Wegen des sumpfigen Untergrunds verschob er sich leicht und musste abgerissen werden. Ein mit 23 Metern bei weitem höherer Turm steht am

260

273

260 Der frühere Signalturm auf der Hornisgrinde steht noch heute und wird als Aussichtsturm genutzt – gelungener Denkmalschutz. Er steht an der höchsten Stelle der Hornisgrinde

273 Die Bieberkesselwächte – nicht ungefährlich für leichtsinnige Schneewanderer

Südende, der Hornisgrindeturm. Sein Bau geht 1910 auf die Initiative des Badischen Schwarzwaldvereins zurück. Beide Türme sind noch heute gerne besuchte Sehenswürdigkeiten. Sie bieten eine einmalige Sicht über die Schwarzwaldgipfel, hinüber in die Vogesen, den Pfälzer Wald, die Schwäbische Alb und bei guten Bedingungen auch auf den Alpenkamm.

Übrigens: 1894 besteigt der Stuttgarter Bankbeamte Wilhelm Fränkle als erster Skiläufer die Hornisgrinde, die im Winter auch noch heute lohnenswerte Ausflüge bietet.

1938 erklärt die Wehrmacht den südlichen Bereich der Hornisgrinde zum militärischen Sperrgebiet. 1945 übernehmen die französischen Luftstreitkräfte das Gelände und betreiben eine Abhörstation. Später nutzen NATO und Bundeswehr den Standort gemeinsam mit den Franzosen. 1994 wird die Anlage still gelegt, drei Jahre später das Sperrgebiet freigegeben, zur großen Freude der Bevölkerung.

Den von Weitem schon sichtbaren 206 Meter hohen Sendeturm betreibt der Südwestrundfunk. Er ist nicht für die Öffentlichkeit zugänglich.

In den 1920er- und 1930er-Jahren ist die Hornisgrinde beliebter Treffpunkt von Segelfliegern. Zum Segelflugtag an Pfingsten strömen alljährlich stattliche Besucherscharen auf den Gipfel. Kräftige Männer ziehen die Segelflugzeuge mit dicken Gummiseilen an und geben sie am westlichen Steilhang der Hornisgrinde den Lüften frei.

Die Hornisgrinde ist ein Paradies für Wanderer, und das zu jeder Jahreszeit. Sie liegt am Westweg und lässt sich vom Mummelsee über mehrere Routen ansteuern. Schöne Wege gibt es zudem ab Unterstmatt und Ochsenstall. Oben angekommen, belohnt den Wanderer das Gipfelgefühl samt der einmaligen Sicht.

268

261 1912: Eine Wandergruppe hat die „Königin des Nordschwarzwaldes" erklommen
264 1913: Der alte Signalturm im Vordergrund, im Hintergrund schon der neue Hornisgrindeturm
265 Der neue Turm mit dem „Kurhaus" links, noch ohne Anbauten
266 Der Schnee schmilzt und macht dem Frühling Platz
267 1929 bringt der Kraftpostfahrer der Deutschen Reichspost seine Fahrgäste aus Baden-Baden auf den Gipfel der Hornisgrinde. Dort lichtet sie der Ottenhöfener Fotograf Pius Schäck ab
268 Fernblick vom Hornisgrindeturm – Foto aus dem Jahr 1920
274 Hochmoor auf der Hornisgrinde

261

265

264

267

266

274

275

263

262

271

263 Sonnenuntergang auf der Hornisgrinde im Winter 1912
269 In den 1930er-Jahren war solch ein Winter nicht außergewöhnlich
271 Das 1912 erbaute Rasthaus hatte 30 Gästebetten. Der 1935 hinzugekommene Anbau (rechts) bot einen Saal für 250 Personen und 35 Betten in einem Schlafsaal
272 + 272.1 Schneewächten oberhalb des Bieberkessels auf der Ostseite der Hornisgrinde um 1930
276 + 277 Segelflug auf der Hornisgrinde. Viele Zuschauer fanden den Weg nach oben
278 Die Brettlhupferhütte in den 1920er-Jahren
279 Mit einem stattlichen Mercedes-Benz fahren wir weiter zum Seibelseckle – um 1955

Hornisgrinde

269

270

276

277

278

279

272

272.1

Das Seibelseckle

Das Seibelseckle ist eine 956 Meter hoch gelegene Passhöhe zwischen oberem Murgtal und dem zur Rheinebene führenden Achertal. Beliebt ist die urig-zünftige, aus Holz gebaute Rasthütte, in der es Kaffee und Kuchen, aber auch Bratwürste gibt. Bei gutem Wetter empfiehlt sich der sonnige Biergarten. Vom Seibelseckle aus lassen sich schöne Wanderungen organisieren, so auch über Hinterlangenbach und entlang des Langenbachs und der Schönmünz nach Schönmünzach im Murgtal. Auch Richtung Darmstädter Hütte gibt es empfehlenswerte Wanderwege.
Im Winter ist der gegenüberliegende, recht schneesichere Skihang stark genutzt. Neben dem Abfahrtslauf locken gut gespurte Loipen zum Skilanglauf.

280

280 Ein Uralt-Käfer mit geteilter Heckscheibe parkt am Seibelseckle – erste Hälfte der 1950er-Jahre. Noch läuft der Verkehr direkt an der Raststätte vorbei. Die heutige Umgehung folgt erst später

282 Winter am Seibelseckle in den 1960er-Jahren

285 Blick gegen den Feldberg - Wanderschilder Richtung Seebach, Wolfsbrunnen und Seibelseckle

285

281

282

284

286

287

Der Wolfsbrunnen

Der zur Gemeinde Seebach gehörende „Gasthof mit Pension Wolfsbrunnen" besitzt eine lange Tradition. Direkt an der Kehre der Ruhesteinstraße gelegen, lädt heute die „Steakhaus Kaminstub'n am Wolfsbrunnen" zum Essen ein, eingebettet in die Berge des Schwarzwalds.

288

286 Am 4. Juni 1900 gehen diese herzlichen Grüße via Ansichtskarte vom Wolfsbrunnen an Fräulein Pauline nach Löwenberg in Schlesien

287 Nur wenig später, am 12. Juli 1900, geht diese Karte vom Wolfsbrunnen nach Paris. Textauszug: "Hatte eine herrliche Zeit heute, großartige Landschaft, angenehme Gesellschaft, guten Wein, eine feine Reisekutsche und angenehmes Wetter."

288 Der Autoverkehr Achern-Freudenstadt fährt über Wolfsbrunnen, Ruhestein und Baiersbronn nach Freudenstadt. Aufnahme um 1910

289 um 1955

290

289

Das Kurhaus Ruhestein

An der 915 Meter hoch gelegenen Passhöhe zwischen dem badischen Achertal und dem württembergischen oberen Murgtal liegt der Ruhestein. Seit dem Mittelalter führt am Ruhestein ein Handelsweg entlang. Die Grenze zwischen dem Großherzogtum Baden und dem Königreich Württemberg verläuft genau auf der Passhöhe, früher markiert durch zwei in Landesfarben bemalte Grenzpfähle. Der Ruhestein diente als Ruhestätte für all jene, die den Berg überquerten, um ins andere Tal zu kommen.

Bereits seit dem Jahr 1864 gibt es auf der Passhöhe eine erste kleine Wirtschaft. 1869 übernimmt sie Familie Klumpp. Erste Übernachtungsgäste lassen sich bereits 1879 nachweisen. Der erste von mehreren noch folgenden Aus- und Umbauten erfolgt 1880/81. Die Straße von Achern nach Baiersbronn im Murgtal wird 1893 ausgebaut.

Im Jahr 1890 verzeichnet der Ruhestein erste Winterübernachtungsgäste. Die Familie Klumpp bietet Schneeschuhwanderungen an, ein neuer Wintersport, der schnell viele Freunde findet. 1895 gründet sich im Hotel und Kurhaus Ruhestein der Ski-Club-Schwarzwald (SCS). Ein erstes Skirennen folgt 1897, die erste Skisprungschanze steht 1907 für Wettbewerbe bereit.

Das Kurhaus wächst und wächst. 1939 hat es 140 Gästebetten. Von französischen Truppen recht heruntergewirtschaftet, wird das Kurhaus 1949 wieder freigegeben.

Nach 102 Jahren endet im Kurhaus Ruhestein der Betrieb der Familie Klumpp. 1971 verkauft es die Familie an die Neue Heimat. Die reißt das traditionsreiche Kurhaus ein Jahr später ab. Geplant ist der Neubau eines großen Sporthotels, ein Betonklotz mit sage und schreibe 318 Betten. Die Planung gelangt jedoch nicht zur Umsetzung.

291

291 Auf dem Weg zum Ruhestein: Das Busunternehmen von Gottlieb Ratsch aus Schönmünzach im oberen Murgtal fährt öfter Fahrgäste entlang der Schwarzwaldhochstraße

292 Das Kurhaus Ruhestein um 1900 mit dem alten Schweizerhaus

293 um 1902

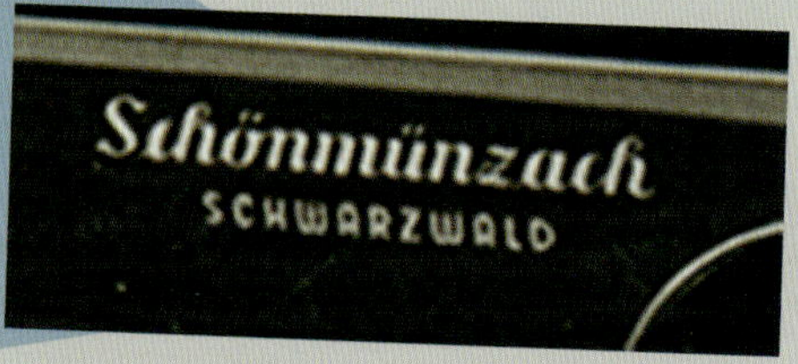

1946 schreibt der Ruhestein deutsche Motorsportgeschichte. Auf der an Kurven reichen, acht Kilometer langen Verbindungsstraße zwischen Baiersbronn-Obertal und dem Ruhestein wird am 21. Juli die erste Motorrennsport-Veranstaltung Deutschlands nach dem Krieg ausgetragen. Die Rennleitung liegt in den erfahrenen Händen von Rennfahrer Schorsch Meier, auch unter dem Namen der „Gusseiserne“ bekannt. Mehrere 10.000 Besucher kommen und spenden den Fahrern samt ihren über den Krieg geretteten Fahrzeugen kräftigen Applaus. Leider verunglückten während Training und Rennen drei Fahrer tödlich.

Josef Faistenhammer aus Ismaning wird Gesamtsieger. Auf seinem Motorrad der Marke Rudge fährt er die schnellste Gesamtzeit. Der Stuttgarter Mercedes Silberpfeil-Rennfahrer Hermann Lang startet auf dem Mille Miglia Vorkriegs-BMW und fährt die schnellste Zeit aller Sport- und Rennwagen. Es grenzt schon an ein Wunder, wie die Fahrer 1946, ein Jahr nach Kriegsende, ihre Fahrzeuge bei großem Benzinmangel flottbekommen und an den Start bringen.

2013 wird in der Tradition des Ruhestein-Bergrennens erstmals die „Baiersbronn Classic“ ausgetragen, eine mehrtägige und anspruchsvolle Oldtimerrallye.

Im Bereich des Ruhesteins liegt einer der beiden Teilbereiche des seit 2014 bestehenden Nationalparks Schwarzwald. Das Nationalparkzentrum Ruhestein bietet Ausstellungen und Veranstaltungen zum Naturschutz. Die Villa Klumpp, oberhalb des ehemaligen Kurhauses, in dem der letzte Besitzer des Kurhauses, Fritz Klumpp, bis 1986 wohnt, wird vom Nationalpark mitgenutzt.

Die Schwarzwaldhochstraße endet in den 1930er-Jahren am Ruhestein. Von dort fahren die Autos und Kraftpostbusse hinunter nach Baiersbronn. Die spätere Verbindung über den Schliffkopf zur Alexanderschanze wird erst nach dem Zweiten Weltkrieg fertiggestellt.

292

293

294 Das Kurhaus Ruhestein von Westen mit dem Seekopf um 1906. Im Vordergrund der badische, hinten der württembergische Grenzpfahl – beide markieren den Grenzverlauf und waren in Landesfarben gestrichen. Die Ansichtskarte ging ins estländische Riga

296 um 1920

297 Erinnerungsfoto: Diese jungen Damen waren 1915 im Kurhaus Ruhestein in Stellung

298 Derselbe Bus, wie vorhin am Wolfsbrunnen, ist auf der Rückfahrt von Freudenstadt nach Achern. Die Strecke führt über Baiersbronn, Ruhestein und Ottenhöfen

300 Aufsteigende Wolken am Ruhestein

301 Das Kurhaus Ruhestein um 1903 vom Hang aus gesehen

302 Die Villa Klumpp steht auf badischer Gemarkung. Hier wohnte die Besitzerfamilie des Kurhauses Ruhestein. Glücklicherweise blieb sie erhalten. Heute nutzt sie der Nationalpark Schwarzwald

303 Der Ruhestein im Sommer – Anfang der 1930er-Jahre. Der Bus der Reichspost trägt das Zielschild Breitenbrunnen-Mummelsee-Hornisgrinde

299

301

297

300

302

303

304

305.1

KLUMPP'S HOTEL U. HÖHENKURHAUS
RUHESTEIN
AN DER SCHWARZWALDHOCHSTRASSE

306

305

309

311

308.1

304 Winter auf dem Ruhestein. Von Baiersbronn und Ottenhöfen kommen Kraftpostbusse mit Wintersportlern. Der Ruhestein war eine Wiege des Wintersports im Schwarzwald
305 Wintersportler in der zweiten Hälfte der 1930er-Jahre vor der Gastwirtschaft des Kurhauses Ruhestein
306 Kofferaufkleber waren ein beliebtes Andenken, nicht nur für Gäste des Ruhesteins
308.1 Der Fahrer des Kraftpostbusses lädt am Ruhestein die Skier und Stöcke seiner Fahrgäste ab
309 Allein elf Kraftomnibusse sind auf diesem Foto zu sehen
310 um 1955
311.1 um 1953
312 um 1954 - Ruhestein mit Villa Klumpp
314 Nach Weimar ging diese Ansichtskarte des „Ruhesteinvaters Professor Dr. Euting“ Anfang September 1904
315 Eutings Hütte beim Ruhestein Anfang des 20. Jahrhunderts

308

311.1

313

310

314

312

315

Die Darmstädter Hütte

Sie liegt direkt am Westweg und ist gleich über mehrere lohnenswerte Wanderrouten mit teils traumhaften Ausblicken zu Fuß erreichbar: Die Darmstädter Hütte lädt in 1030 Metern Höhe zum Rasten ein. Man kann vespern und übernachten. Für Einzelwanderer, Paare oder Gruppen gibt es mehrere Zimmer zu vernünftigen Preisen samt gutem Frühstück.
Die Ski- und Wanderhütte liegt im Naturschutzgebiet Wilder See in einem Hochmoorgebiet. Ihre Wurzeln gehen auf den ehemaligen Ski Club Darmstadt-Odenwald zurück, dessen Mitglieder mit weiteren Partnern den Bau der Hütte 1924 in Angriff nehmen. Wenige Monate später beginnen die schweißtreibenden Arbeiten in schwieriger Zeit. Aber im Herbst 1926 ist es geschafft. In späteren Jahren wird die Hütte weiter ausgebaut. Markant sind ihre rot-weißen Holzfensterläden.

316 Die 1025 Meter hoch gelegene Darmstädter Hütte nahe dem Ruhestein Ende der 1930er-Jahre
317 um 1938

317

316

319

320 Der schön gelegene Wildsee nahe dem Ruhestein
322 Schwarzwaldhochstraße nahe Schliffkopf mit Blick auf die Hornisgrinde

Der Wildsee

Die einen sagen Wildsee, die anderen nennen ihn Wilder See. Der Karsee liegt einmalig ruhig und wunderschön eingebettet östlich des Wanderwegs vom Ruhestein zur Darmstädter Hütte auf Baiersbronner Gemarkung.

Der Wildsee liegt auf 910 Höhenmetern in einem tiefen Kar aus der Eiszeit. Der kreisrunde Wildsee ist 2,4 Hektar groß und fast 12 Meter tief. Seit 1939 ist der See Teil des 766 Hektar großen Naturschutzgebietes „Wilder See – Hornisgrinde“. Schon 1911, also vor über 100 Jahren, ist die Umgebung des Wildsees als Bannwald ausgewiesen. Es ist das älteste baden-württembergische Naturwaldreservat und wurde 1998 auf 150 Hektar erweitert. Heute ist der See Teil des 2014 gegründeten Nationalparks Schwarzwald.

Eine der einmaligen Grindenlandschaften liegt westlich oberhalb des Wildsees. Neben dem lohnenswerten „Wildseeblick“ liegt das Grab von Professor Julius Euting. Der weithin bekannte Orientalist war Direktor der Straßburger Universitätsbibliothek. Der „Ruhesteinvater“ förderte bereits sehr früh und in vielseitiger Form den Tourismus in seinem geliebten Schwarzwald, speziell im Bereich des Ruhesteins. Schon zu Lebzeiten errichtet er sich seine vom württembergischen König höchstselbst genehmigte Grabstätte, in der 1913 die Ascheurne Eutings beigesetzt wird.

Das Schliffkopfhaus

An der Schwarzwaldhochstraße, zwischen Ruhestein und Alexanderschanze, liegt das Schliffkopfhaus in einer Höhe von 1025 Metern. Der Schliffkopf selbst ist ein benachbart liegender 1053 Meter hoher Berg.
1911 entsteht dort eine erste Skihütte, genutzt von Skiläufern aus Baiersbronn, auf dessen Gemarkung der Schliffkopf liegt.1932 wird das Schliffkopf-Gedächtnishaus eingeweiht. Bauherr ist der Schwäbische Schneeschuhbund (SSB). Der Name Gedächtnishaus erinnerte an die im Ersten Weltkrieg gefallenen SSB-Mitglieder.
Anfangs bietet das mit zeitgemäß-moderner Ausstattung erbaute Haus bis zu 44 Personen Unterkunft. Für Strom und Licht sorgt ein Windkraftwerk. Schon damals betreiben Berta und Christian Fahrner das Schliffkopf-Gedächtnishaus.
In den ersten Jahren besorgt ein Pferdefuhrwerk die Versorgung des Hauses mit Essen, Getränken und allem, was ein Hotel so braucht.
1938 wird der Weiterbau der Schwarzwaldhochstraße zwischen Ruhestein und Alexanderschanze vorangetrieben. Das kommt auch der besseren Anfahrbarkeit des Schliffkopfhauses entgegen. Allerdings wird die Straße erst nach Kriegsende fertiggestellt. 1954 wird das Haus erweitert und in den 1960er-Jahren Zug um Zug in ein Hotel entwickelt.
1973 kauft es die Familie Fahrner.
1991 brennt das Hotel ab. Doch der Aufbau gelingt, modern und zeitgemäß. Heute ist das Haus ein Vier-Sterne-Wellness-Hotel und nennt sich inzwischen „Nationalpark-Hotel Schliffkopf“, betrieben in alter Tradition durch die Familie Fahrner.
Mehrere Fernwanderwege, darunter der Westweg, führen über den Schliffkopf, dessen einmalige Natur, darunter eine außergewöhnliche Grindenlandschaft, zum erlebnisreichen Wandern einlädt.

324 Grindenlandschaft nahe Schliffkopf
325 Sehr frühes Foto des Schliffkopf-Gedächtnishauses des schwäbischen Schneeschuh-Bundes
326 Fliegeraufnahme des sich windgeschützt an den Hang anschmiegenden Schliffkopfhauses
329 Das Gedächtnishaus mit der ersten Erweiterung (rechts) um 1956 Strom liefert das unabhängige und umweltfreundliche Windrad hinter dem Gebäude
332 Gastraum des Schliffkopf-Gedächtnishauses
334 Schön liegt der Schliffkopf in der Grindenlandschaft an der Schwarzwaldhochstraße

329

326

325

324

330

334

327

332

331

323

333 Um 1955: Sonnenaufgang im Osten und grandiose Alpensicht (unten)
328 Windgeschützt liegt der Schliffkopf auf den Höhen des Nordschwarzwalds
336 Schwarzwaldhochstraße beim Schliffkopf
337 Mit einem Brezelfenster-Volkswagen geht es weiter. Das Nummernschild des Volkswagens verrät dessen Herkunft. Das Besatzungskennzeichen trägt die Nummer „H 75“. Der Brezelkäfer kommt aus dem südhessischen Heppenheim an der Bergstraße

333

328

337

336

Das Kurhaus und Höhenhotel Zuflucht

Im Jahr 1808 wird am Standort des späteren Kurhauses Zuflucht eine Hütte gebaut. Sie bietet Waldarbeitern und Hirten Schutz vor schlechtem Wetter. Die ersten Wirtsgäste kommen im Jahr 1832. 1834 entsteht dort ein Gasthaus, 1841 wird der Name der Hütte in „Zuflucht“ geändert. Oft erzählt wird die Geschichte aus dem Jahr 1847, in dem der Hüttenwirt vier Händler fand, die sich im Schneesturm verirrten. Er rettete ihnen das Leben. Anfang des 20. Jahrhunderts kommen mehr und mehr Skisportler zur Zuflucht. Das alte Berggasthaus wird zu klein: 1908 folgt die Eröffnung des Neubaus des jetzt Höhenhotel Zuflucht oder Kurhaus Zuflucht genannten Hotels mit 19 Zimmern. Im Laufe der Jahre wird die Zuflucht erneut erweitert und modernisiert.
In der zweiten Hälfte der 1930er-Jahre legen dort öfter die Testfahrer Professor Ferdinand Porsches Halt für eine verdiente Kaffeepause ein. Sie treiben die Volkswagen-Vorserientypen erbarmungslos über die Schwarzwaldstraßen, so auch die steile Oppenauer Steige hinauf – damals eine echte Herausforderung für Automobile. Einer der Testfahrer heiratet später die Tochter des Hoteliers. Sohn Rüdiger Ott, später in Baden-Baden wohnhaft, fährt später sehr erfolgreiche historische Rallyes auf einem Porsche 356 mit dem Kennzeichen BAD A 356.
1980 wird die Zuflucht an das Deutsche Jugendherbergswerk verkauft und entsprechend umgebaut. Anfang 2007 wird das Haus geschlossen. Doch die Zuflucht hat Zukunft und wird seit 2012 erfolgreich als Natur- und Sporthotel Zuflucht betrieben. Das 46 Zimmer und 120 Betten zählende Hotel wird vor allem im Seminarbereich gut gebucht, aber auch Wanderer und Menschen, die einfach etwas Ruhe suchen, lieben die Zuflucht.

338 Das Gasthaus zur Zuflucht vor 1908 . Die alte Zuflucht liegt auf 968 Metern Höhe. Rechts eine Abbildung der Schwabenschanze. Hector, der treue Hüter der Zuflucht, entdeckte die verlaufenen Wanderer und rettete sie vor dem Erfrierungstod

340

339 Richtfest 1908. Arbeiter, Zimmerleute und Gäste feiern den neu errichteten Anbau an die alte Zuflucht
340 1909 wird das alte Gebäude links aufgestockt. Der Tourismus wächst spürbar an. Die Zuflucht wächst mit. 1911 wird die Glasveranda angebaut
342 Zuflucht vom Flugzeug aus
343 Das Höhen-Hotel Zuflucht Anfang der 1950er-Jahre. Im Vordergrund ein Renault 4 CV „Cremeschnittchen"
344 Die Terrasse der Zuflucht
346 Blick ins Rheintal zwischen Zuflucht und Alexanderschanze
347 Die meist steile Oppenauer Steige unterhalb der Zuflucht war schon Ferdinand Porsche bestens bekannt. Nicht umsonst jagte der Vater des Volkswagens die Versuchsfahrer seiner VW-Prototypen die Steige empor, wieder und wieder

339

346

341

342

347

344

345

343

Die Alexanderschanze

Die 971 Meter hoch liegende Alexanderschanze ist eine Passhöhe. Sie verbindet Freudenstadt mit dem Renchtal. An der Passhöhe liegen die Festungsanlage Alexanderschanze und das gleichnamige Hotel.
Der Straßburger Bischof Johann von Dirpheim ließ schon Anfang des 14. Jahrhunderts am Kniebis erste Befestigungen erbauen, um den wichtigen Pass zu schützen. 1655 gibt es bereits Schanzen. Seit 1734 trägt die Befestigungsanlage den Namen Alexanderschanze, benannt nach Herzog Karl Alexander von Württemberg. Noch heute sind nördlich des Hotels Reste der Alexanderschanze zu sehen.
Die Anfänge des Hotels Alexanderschanze gehen auf ein von Waldschütz Johann Georg Gaiser 1868 erbautes Forstwartshäuschen zurück. Bereits 1887 entsteht der Neubau einer Gaststätte mit Pension. Nach einem Großbrand im Jahr 1911 wird das Hotel neu gebaut. Aber seit den 1970er-Jahren geht der Schwarzwald-Tourismus zurück. Die Alexanderschanze bietet fortan nur noch einfachere Zimmer für Westwegwanderer an. Der Hotelbetrieb ist seit Anfang 2015 eingestellt. Inzwischen ist das Gebäude vom Land Baden-Württemberg erworben.
Nahe der Alexanderschanze entsteht ab Ende 1939 eine Bunkeranlage als Teil des Westwalls. Die Anlage wird auch als „Führerhauptquartier Tannenberg" genutzt. Adolf Hitler hält sich 1940 für kurze Zeit dort auf. 1945 sprengt die Wehrmacht die Anlage.
Der in dieselbe Zeit fallende Weiterbau der Schwarzwaldhochstraße zwischen Ruhestein und Alexanderschanze hat militärische Gründe. Um die Fertigstellung der Schwarzwaldhochstraße voranzutreiben, arbeiten dort zeitweilig auch Gestapo-Häftlinge des Arbeitserziehungslagers Kniebis-Ruhestein. Eröffnet wird dieser südliche Teil der Hochstraße allerdings erst nach dem Zweiten Weltkrieg.

348 Wunderschön gelegen: die Alexanderschanze Anfang des 20. Jahrhunderts

350 Die alte Alexanderschanze brannte ab und machte Platz für den bis heute erhaltenen Neubau.
351 Der Neubau mit seinem Epoche machenden Aussichtsturm
353 Die Alexanderschanze in den 1930er-Jahren vom Flugzeug aus. Links beginnt die B 500 und führt über Baden-Baden zur französischen Grenze. Von „unten" kommt die B 28 von Kehl her und endet in Ulm an der Donau

351

349

352

350

353

355

Alexanderschanze

356

Hotel Pflug
A. Schnurr
Luftkurort
Ottenhöfen
Tel. 295

357

354

354 Die Griesbacher Steige führt von Bad Peterstal-Griesbach zur Schwarzwaldhochstraße hinauf
356 + 357 Der Ausflugswagen des heute noch bestehenden Hotels Pflug im Luftkurort Ottenhöfen, Besitzer ist A. Schnur, auf dem Weg in die Schwarzwaldhöhen am 30. August 1933. Nächstes Ziel ist die Alexanderschanze
358 1926 erfolgte der Anbau der Terrasse mit dem auf dieser Höhe wichtigen Glaspavillon. Im Vordergrund die Gartenpartie des Kurhauses Alexanderschanze. Auf dem Dach der Aussichtsturm.
359 Das Höhenhotel Alexanderschanze stellt den höchsten Punkt des Kniebis-Massivs dar
360 Die Bundesstraße B 28 kommt von Bad Peterstal-Griesbach herauf und führt entlang der Alexanderschanze als Schwarzwaldhochstraße weiter nach Freudenstadt. Genau an der Alexanderschanze beginnt die B 500, die über Mummelsee und Baden-Baden an der französischen Grenze bei Iffezheim am Rhein endet
361 Im Vordergrund die B 500, die an der Alexanderschanze in die B28 einmündet. Links geht es auf der Schwarzwaldhochstraße in Richtung Kniebis und Freudenstadt weiter

359

360

358

361

Der Kniebis

Die Ortschaft Kniebis ist eine hochgelegene Streusiedlung zwischen der Alexanderschanze und Freudenstadt. Sie ist benannt nach dem benachbarten 971 Meter hohen Berg Kniebis.
Der Kniebis war durch seinen steilen Aufstieg von Oppenau hinauf zur Passhöhe ein beachtliches Hindernis entlang des Handelswegs zwischen Straßburg und Ulm. Im Jahr 1267 wird das Kloster Kniebis gegründet, das in der Reformation 1534 bereits wieder aufgelöst wird.
Der Kniebis setzt sich aus drei Teilen zusammen: dem Baiersbronner Teil, dem Freudenstädter Teil – diese beiden bilden den württembergischen Kniebis – und dem zu Bad Rippoldsau gehörenden badischen Kniebis.

Das Hotel Kniebis Lamm spielte über mehrere Jahrzehnte in der Liga der berühmten Schwarzwaldhöhenhotels mit. Inzwischen ist es abgerissen.
Im Winter gibt es attraktive Langlaufloipen, unter anderem auch eine beschneibare Flutlicht-Nachtloipe und mehrere Lifte im Ort und der unmittelbaren Umgebung. Außerdem locken die Besucher die beliebte Rodelbahn und mehrere Winterwanderwege.
Im Sommer präsentiert sich der Kniebis als großes Mountainbike-, Nordic-Walking- und Wanderparadies. Zudem gibt es ein erst vor wenigen Jahren vollständig saniertes Waldfreibad. Ein nahes Ausflugsziel ist der Lotharpfad an der Schwarzwaldhochstraße in Richtung Schliffkopf. Am westlichen Ortsausgang liegt die Alexanderschanze, weiter nördlich lassen sich die Röschenschanze und die Schwedenschanze besichtigen.

362

362 1902 geht diese Ansichtskarte nach Straßburg. Sie zeigt den alten Gasthof Lamm
363 Das alte Gasthaus Lamm im Winter. Der Schnee liegt hoch, bis zum ersten Stock!
364 Das Lamm erhält 1907 auf der linken Seite einen ersten Anbau. Es nennt sich jetzt Hotel, auf dem Schild vorne steht noch „Gasthaus“
365 1912 ist das Kurhaus Lamm komplett umgebaut, vergrößert und mit Aussichtsturm gekrönt
367 Der badische Kniebis um 1900

363

364

365

367

366.1 Das Lamm im Vordergrund der Kniebis-Hochfläche
368 Bauernhaus aus dem 11. Jahrhundert am Fuße des Kniebis
370 Die Frühlingssonne wärmt die Skifahrer auf der Skiwiese

368

366.1

366

371

369

373

370

374.1

374

376

375

377

371 Der Kniebis in den 1930er-Jahren
374.1 Hausprospekt des Sporthotels Kniebis aus den 1950er-Jahren
375 Der badische Kniebis
377 Der Langenwaldsee mit Hotel und Waldschwimmbad liegt östlich und unterhalb des Kniebis

378.1

378

379

Freudenstadt

Wir sind am Ziel angekommen. Hier, in Freudenstadt, endet die Schwarzwaldhochstraße. Die Große Kreisstadt ist ein heilklimatischer und Kneippkurort sowie ein traditionell beliebter Urlaubsort. Herzog Friedrich I. von Württemberg gründet Freudenstadt 1599. Die Innenstadt wird kurz vor Ende des Zweiten Weltkriegs am 16. April 1945 durch Bomben und Artilleriebeschuss großflächig zerstört. Doch die Stadtväter haben eine glückliche Hand: Es gelingt, Freudenstadt sehr ansprechend im alten Stil rund um den großen Marktplatz wieder aufzubauen. Freudenstadt hat den größten bebauten Marktplatz Deutschlands. Er ist das weithin bekannte Wahrzeichen der Stadt und besitzt eine Größe von rund 4,5 Hektar. Typisch sind die umlaufenden Arkaden. Nach einer Fahrt entlang der Schwarzwaldhochstraße lohnt sich die Einkehr in eines der Cafés oder Restaurants rund um den Marktplatz. Lassen Sie sich's schmecken!

378.1 Freudenstadt in den 1930er-Jahren
379 Die nach dem Krieg wieder aufgebaute Innenstadt von Freudenstadt. Die Giebel der Häuser zeigen nun nicht mehr zum Platz
382 Freudenstadter Winter in den 1950er-Jahren

380

383

384

381

382

383 Erfreulich: Das 1895 erbaute prachtvolle Jugendstil-Hotel Palmenwald ist heute wieder erfolgreich in Betrieb

384 Das historische Hotel Waldlust steht schon lange leer. Der sehr rührige Freudenstadter „Verein für Kulturdenkmale“ hält das traditionsreiche und höchst sehenswerte Haus am Leben und arbeitet an einer hoffentlich neuen Nutzung